수국은   말하지
       않았어

장미온택 지음

수국은 말하지 않았어

바른북스

서문

　　코로나19는 글쓰기에는 전혀 관심이 없었던 나의 삶을 바꾸어 놓았다. 3년간 전염병 감염으로 많은 사람들이 죽고 한 번도 경험하지 못한 전 세계 팬데믹 상황에서 나는 아무것도 할 수 없었고, 먹고살기 위해 환경과 싸워야만 했다. 마스크를 쓰는 일은 어색했고, 특히 1차 · 2차 예방주사 여부로 가족들이 식당에 들어가지 못하고 손님들과 눈치를 보는 일은 서러웠다.

　　물론 모두의 안전을 위해서 어쩔 수 없는 상황이었지만 수시로 많은 사람들이 죽고 그럴 때마다 마음이 울적해져 왔고 슬펐다.

　　정말 세상이 이대로 끝나는 걸까? 막막하고 암울했고 우울했지만 그럴 때마다 희망이라는 단어를 생각하며 하늘을 보고 숲을 보며 작은 식물들을 보았다. 그것들의 움직임은 변함이 없었고 인간들 세상과는 달리 아름답고 신선했다.

　　거대한 자연에서 위로와 위안을 받고 그 영감을 글을 쓰다 보니 어느덧 마음이 평화로워지고 내적 갈등이 치유되는 것을 느꼈다.

　　그 느낌을 그냥 흘려보내기 아까워 그 모습들을 카메라 영상으로 담아 글을 습작했다. 이것은 나의 삶의 작은 바람이었다.

한 권의 책이 되도록 시간을 기록하는 거야.

그래, 그렇게 하는 거야!

글을 잘 쓸 줄 모르지만 습작하는 시간만큼은 나는 무척 자유로웠고 시간을 그냥 흘려보내지 않기 위해 도전하고 싶은 일이 꿈처럼 부풀었다.

포기하지 않으리라.

역경을 피하지 않으리라. 생각하고 다짐하며 꾸준히 글을 썼다.

하루에 한 줄 또는 일주일에 서너 줄 메모장에 쓰다가 때로는 귀찮고 '내가 무슨 책을?…' 하며 내 자신을 하찮게 생각하기도 하고, '오늘 말고 내일 쓰자' 하며 미루기 일쑤였지만, 이제는 포기하기엔 너무 많이 써서 그냥 뭉개기엔 아까웠다. 그리고 다시 자신을 다잡고 끝까지 해보고 싶었다.

포기하지 않는 거야!

남들이 보든 안 보든 상관없이 나의 마음을 세상에 표현하는 일은 태어나 의미가 있고 깊은 보람일 테니까…

내가 위로를 얻듯이 만약 누군가에게 힘이 된다면, 세상과 힘겹게 싸우고 계시는 분들이 계신다면 나의 글이 작은 위로가 되기를 바라며…

목차

서문

10_ 사랑에 대하여

12_ 목련 유혹

14_ 애정 별곡

15_ 그녀의 입술에 꽃은 피고

18_ 하늘

19_ 소나무

20_ 나그네

22_ 견우와 연꽃 직녀

24_ 편지

26_ 연애

28_ 가까이

30_ 흑과 백

32_ 매화

34_ 민들레 상점

35_ 아스피린

36_ 감정

37_ 시

38_ 봄바람

40_ 선녀가 내려왔다

42_ 개망초

43_ 바람개비

44_ 백일홍

46_ 미완성 단편영화 - 그 숲속

51_ 봄 까치 꽃

52_ 〈엘비라 마디간〉 영화를 보고
    - 이룰 수 없는 위험한 사랑에 관하여

54_ 인연

55_ 모차르트 피아노 협주곡 21번
    전율이 흐르는 깊은 '숲속의 아침'

58_ 불두화

60_ 미추홀

62_ 진달래

64_ 매혹

66_ 새의 노래	98_ 달고나 케이크
68_ 사람아	99_ 큰 꿩의비름
69_ 건널 수 없는 강	100_ 달
70_ 라일락 질투	101_ 분홍바늘꽃
72_ 바람을 만났다	102_ 낮달맞이꽃
74_ 서양 봉선화	104_ 양귀비
76_ 장마당	106_ 눈부셔
78_ 빗장	107_ 벚꽃 기억
80_ 사랑하는 당신에게	108_ 반짝이는 밤빛
82_ 주목	110_ 영춘화
84_ 눈꽃	111_ 우리의 만남
85_ 라면	112_ 피노키오
86_ 그냥	113_ 토끼풀
88_ 물수레국화	114_ 너는 별
90_ 개나리 코찡	116_ 시계
92_ 꽃댕강	117_ 산수유
93_ 봄 그대	118_ 꽃마리
94_ 신당화	120_ 꽃을 갖고도
95_ 잡채	121_ 운명
96_ 물망초	122_ 아직도
97_ 아리따운	124_ 서점에 가다

125_ 비밀
126_ 빼빼로
127_ 좋아해
128_ 도시 속
130_ 이야기보따리
133_ 제비꽃과 선생님
134_ 빗발친 항의
136_ 동해
138_ 황금 차트
140_ 눈물
142_ 들꽃
144_ 무궁화
146_ 새의 노래
148_ 수묵화 붓끝에서
149_ 천 개의 별
150_ 챗GPT 로봇 시인
151_ 부정선거
152_ 시인
154_ 팥죽
155_ 용버들
156_ 아카시아 온역

158_ 마음
159_ 노숙자의 깊은 밤
160_ 노숙자의 깊은 밤 - 수내역
162_ 노숙자의 깊은 밤 - 서울역
164_ 존경
165_ 가을비가
166_ 처음 만난 그때처럼
167_ 불안형 애착형 여자의 연애
168_ 연상 연하 그들의 썸
170_ 노란 꽃창포 연못가에서
172_ 하데스의 탐스러운 석류
176_ 벚꽃 먹고 웃고 울고
178_ 오소서 - 데이지 연가
179_ 청춘
180_ 씀바귀꽃
182_ 털별꽃아재비
183_ 머물고
184_ 엄마
186_ 거울 속에 핀 유채꽃
188_ 축구
190_ 불꽃

192_ 선배 - 5분 단편영화

195_ 종이학 천 마리 1, 2

196_ 수국은 말하지 않았어

198_ 백목련

200_ 핵개인의 시대

202_ 단짝

203_ 그리스 로마 신화를 읽고서

204_ 짝사랑

206_ 너에게 장미꽃을 주고파

208_ 회개의 기도

210_ 미련

211_ 자유 수영

212_ 용서

213_ 당근이 화났다

214_ 왕관은 무거워

216_ 홈 카페

217_ 비트코인

218_ 앵두

219_ 회피형 남자의 연애

220_ 마법의 성

222_ 스무 살의 탱고

224_ 눈빛

226_ 봄비

228_ 담쟁이

230_ 갈 곳 없어진 고 대리

237_ 샐러드

238_ 그리움

239_ 가을밤 약속

240_ 괜찮다면

242_ 갈대

244_ 소녀

246_ 물망초

248_ 작은 크리스마스

249_ 길

250_ 나팔꽃

252_ 해바라기

254_ 코 피어싱

255_ 시인 루이즈 글릭을 애도하며

사랑에 대하여

내가 사람의 방언과 천사의 말을 할지라도 사랑이 없으면
소리 나는 구리와 울리는 꽹과리가 되고…
내가 예언하는 능력이 있어 모든 비밀과 모든 지식을 알고
또 산을 옮길만한 모든 믿음이 있을지라도 사랑이 없으면
내가 아무것도 아니요…
그런즉
믿음, 소망, 사랑 이 세 가지가 있을 것인데
그 중의 제일은 사랑이라.
- 고린도전서 13장

사랑에 대하여

내가 사랑한 모든 경험은 아주 미숙한 아이 같았다.
어쩌면, 줄 줄 모르고 받기만을 원하는 아이…
지금까지도 여전히…

사랑은

사랑은 아픈 것
사랑은 슬픈 것
사랑은 달콤한 사탕을 주고 미워 때려주고 싶은 것
사랑은

사랑은 한 박자 느린 것
사랑은 두 박자 빨라 숨 가쁜 것
사랑은 눈치채지 못하는 것
사랑은

사랑은 향기 그윽한 꽃의 가시 같은 것
사랑은 공허한 빈 가슴속에 몰래 피는 것
사랑은 나도 모르게 흥얼거리는 콧노래 같은 것
사랑은

사랑은 웃다가도 울게 하는 것
사랑은 미워도 고와도 계속 가슴이 뜨거워지는 것
그래도 그래도 좋다
사랑은

이 가시 같은 사랑…

목련 유혹

봄에 꽃이 펴도 웃지 못한
텅 빈 머릿속이 여름 바닷가 이글거리는 백사장
뜨겁게 달궈진 모래알 같았던 건…

목련 유혹

가슴 몽우리 가슴살을 후벼
저리도록 아프게 아렸어도
얼굴 찡그릴 수 없었던 건 그것이 무엇인지 몰랐기 때문에

하얀 면사포 쓸 일은 아직 캄캄한데
이불에 비친 선홍빛 첫 출혈은
그냥 무서웠다

봄에 꽃이 펴도 웃지 못한 텅 빈 머릿속이
여름 바닷가 이글거리는 백사장
뜨겁게 달궈진 모래알 같았던 건

내가 아닌 나도 모르는 이가
나와 함께 있다고 생각이 든 건
그래서 하염없이 하늘만 보았던 건

고혹한 자비로 너를 웃게 해줄
비를 만나기 위해
바람을 꼬셔야 했기 때문에…

애정 별곡

공원 실개천을 물길을 따라 움직이는 사이좋은 오리 한 쌍
나에게 알 수 없는 묘한 영감을 주네.

이리 오너라 업고 놀자…

애정 별곡

밤나비 날갯짓에 반딧불 불꽃처럼
순정이 피어올라 입 시울 적셨도다
가는 허리 밤새도록 움찔한 몽환 꿈결
깃털이 다 빠져도 어어기야 내 사랑
사랑 사랑 내 사랑이로다

그녀의 입술에 꽃은 피고

그녀는 일이 끝나고 지친 몸을 겨우 이끌고 퇴근하여 집으로 돌아왔다. 얼굴에 스킨 향을 뿌리고 집 밖으로 나서는 그가 그녀에게 흔들리는 목소리로 거짓말을 했다.
그녀는 그의 흔들리는 목소리에서 거짓말인 것을 직감했다.
밤이 끝나도록 그는 집에 들어오지 않았다.

거짓말을 하고 나가서 겨우…

그녀의 입술에 꽃은 피고

잠이 오질 않아 뒤척이는 이 밤
밤 빛은 소리도 없이 냇물처럼 흘러

고독은 그물망 줄을 치고
자유로운 내 영혼을 가두었네

어두움 사이사이로 양들의 흔적은 없고
물고기마저 깊은 바닷속으로 달아나 버렸는지

쓸쓸함의 암벽을 타는 정적은 사막의 모래바람 건조함과
괴괴함의 고통까지 생으로 느껴본다

밤이 사라질 때까지
고독함에 눈을 맞추며

적요는 싸늘함에 입술을 대고
곤혹의 가시 꽃을 피운다

나를 가두었던 기억 모두 지우려 해
너를 저주하지 않을 거야 너를 저주하지 않을 거야

죽음 앞에서 어느 시인의 입술에 피는 꽃은 절창일 테니
입속 깊이 가시가 돋아나도 보드라운 꽃은 피울 수 있어

너를 저주하지 않을 거야…
그녀는 심장을 격하게 요동칠 바이크에 시동을 켠다

부릉… 부릉… 부르릉릉릉… 붕… 끼… 익…
부우우웅웅웅…

하늘

창공은 말이 없네

기도하는 나의 신음 외엔 아무 말이 없네

만약 붉은 태양 빛나는 하늘 아래

삶의 음산한 기운이 생긴다면

한 세상 가시밭길 미련 없이 살다가

미리내 고운 별 되어 흐르리라

이삿짐센터는 따라오지 않으리

소나무

소나무 아래 잠시 쉬어가디기 소나무에게 고마움을 표현해 봅니다.

소나무

사계절 푸르구나 소나무 가지 뻗어
나그네 그늘 되니 고달픈 마음이야
바람에 흩어지니 세상도 푸르구나
소인의 심정우환(心情憂患)도 청아(淸雅)하게 녹구려

나그네

연두한 포도송이
보라색 야망으로 영글지 못해
주저앉기를 수만 번…

....

나그네

마음 꽃 다 피우지 못해
떠나지 못했다

걸어왔던 길 다부지지 못해
떠날 수 없었다

연두한 포도송이 보라색 야망으로
영글지 못해 주저앉기를 수만 번…

어디쯤에서 때도 모르게
모두 떠나야 하는 슬픔이여!

마음 꽃 피고 진 자리에
풀벌레 밤 향기 수를 놓고

가슴 미어지도록 가냘픈 휘파람
떠나간 꽃잎을 불러보네

나는 나그네
우리는 나그네

견우와 연꽃 직녀

연못에 연꽃들이 어여쁘게 피었다.
마치 견우를 기다리는 직녀의 모습 같았다.
아마도 직녀는 연꽃과 닮지 않았을까?라는 생각에 궁중 혼례악이 떠올랐다…

오늘인가?
그날이 오늘인가?

임 그리운 맘 한 잎 두 잎 담아
옷자락 오므려 피리 만들어 휘익… 휘…

너무 늦게 오지 않길…

심쿵…

견우와 연꽃 직녀

음력 칠월 칠석 초이렛날 밤

동쪽 하늘에서 견우가 땅 아래로 내려와

오작교 연못에서 직녀를 다시 만나 연등을 달고

연지 곤지 찍고 홍색 족두리 쓴다네

견우와 연꽃 직녀는 밤새도록 수줍어 웃음만 짓다가

옷고름 풀지 못한 채 밤을 지새웠노라

안절부절 진땀만 나는 밤이 밝아 낮이 되니

밥 먹지 않아도 배부르구나

아궁이에 불 지펴 서방님 진짓상 곱게 차려드리고

신령께 정성 올리며

물 위 꽃밭을 걷네

구름 위를 걷네

편지

자유롭게 훨훨 날아
자유롭게 훨훨 날아
저 북녘의 닫힌 성문까지 이 편지를 전해주렴…

남·북 자유 민주주의 평화 통일을 소망해 봅니다…

....

편지

편지를 씁니다
찍은 영상을 우표 삼아
편지를 씁니다

엄동설한 녹여 밀어내는
거친 물소리 사이로
고운 햇살이 발 담그고

버들강아지 휘파람 불며 발 담그는
개울가 여울목에 앉아

편지를 씁니다

저 멀리 북녘의 닫힌 성문까지
자유롭게 훨훨 날아 자유롭게 훨훨 날아
이 편지를 전해주렴

그곳에도 이 봄을…

연애

벚꽃이 만발한 봄의 초입에서
울적해지는 밤 벚꽃 아래…
눌렀던 감정들이 울컥거렸고 가슴속엔 알 수 없는 연기가 피어났다.
꽃이 너무 빨리 떨어지는 것이 슬프기만 하였다.

* 스스로 목숨을 끊은 모든 이들에게 이 시를 바칩니다.

연애(煙靄)

당신이 밉습니다
정말로 밉습니다
밉고 미우니 할 말도 다 모두 다 하기 싫겠지요

그것은 당신의 생김새 따위가
마음에 들지 않는 것이 아니라서
모양 따위가 거슬리는 것이 아니라서

그래서…

꽃이 피는 것을 지켜보던 바람이
세차게 꽃잎을 흔들어 다 집어삼켜도
낮에 아롱대는 양염(陽炎)은 싸늘한 밤에도 야화(夜花)를 피우려 애쓸까요?

그렇게라도 당신을 볼 수만 있다면
나도 같이 춘하(春霞)를 피우겠습니다
밤바람 매섭게 우리 사이 갈라놓아도 당신과 연애(戀愛)하듯 연애(戀愛)하고 싶습니다

그렇게 할 수 없으니
그래서…

가까이

만데빌라 동백 자스민 꽃 한 송이
바람에 은은한 연향을 뿌리면 연회를 연다.
마치 자신이 그곳에 있다는 것을 모르면 안 될 듯이…
가까이 다가가면 고급진 앙칼을 부린다.
요염한…

가까이

가까이 오지 말아요
가까이 오지 말아요
가까이 오신다면 소리칠 거예요

가까이 오지 말아요
가까이 오지 말아요
그래도 가까이 오신다면 바람 뒤로 숨어버릴 거예요

가까이 오지 말아요
가까이 오지 말아요

정녕 가까이 오신다면 천천히 아주 가까이 와주시겠어요?

가까이 오지 말아요
가까이 오지 밀아요
미소 없는 당신께 나의 미소는 치명적일 테니

그렇지만 정녕 가까이 오신다면
연례악으로 전부를 내어놓는 어여쁜 나로 기억해 줘요…
그땐 제가 더 예쁘게 웃고 가진 향기 모두 드릴 테니…

흑과 백

흑과 백 공존의 무대 위 휘날리는 독백

시간이 없다! 일어나!!
퍼억… 퍽…
일어나!!! 퍼억… 억…

절대 서로 떼어지지 않고 쓴잔을 마신다.
흑과 백은 그랬다.
서로를 삼키기도 하고 뱉기도 하지만 결국 공존하며 살아간다.

....

흑과 백

해가 산등선 위에서 한 방울의 눈물로
바람을 불러 시간의 옷을 벗긴다

일몰되기를 기다렸다는 듯이
저녁은 벌써부터 스산한 기운을 내뿜는다

이들은 한바탕 난투 벌일 생각에
흥분을 감추지 못하고 드잡이 연습을 한다

서로가 멱살을 틀어쥐고 기신을 잃고
피투성이가 되도록 잽을 날린다

흑과 백 공존의 무대 위 휘날리는 독백
시간이 없다! 일어나 퍽억… 일어나 퍽 퍽억…

밤의 횡포는 낮에 숨어들 곳이 없고 낮 또한 씁쓸한 용서로
밤의 한편에서 흑과 백 공존의 쓴잔을 들리라

매화

우리나라 옛 선조 문인들이 즐겼던 매화가 예쁜 곳을 따서 시조를 지어봅니다.

매화(梅花) - 시조

식영정(息影亭)[1] 연못 속엔 옛 선현(先賢) 매화음(梅花飮)하고
쌍취정(雙醉亭)[2] 요월당(邀月堂)[3]은 매견월(梅見月)[4] 달 부르네

1   식영정(息影亭)(1525~1597): 그림자가 쉬고 있는 정자라고 하며 조선 명종 때 『서하당유고』의 기록에 김성원이 36세 되던 해 그의 장인 석천 임억령을 위해 식영정과 서하당 정각을 지었다고 한다. 나의 선조 선산 임씨 발자취가 있는 전라남도 담양군 남면 지곡리에 세워진 식영정. 이곳을 배경으로 송강 정철 선생은 「성산별곡(星山別曲)」 사시(四時)로 자연의 아름다움을 노래하였다.

2   쌍취정(雙醉亭): 두 가지 자연의 아름다움을 볼 수 있도록 만든 정자. 선산 임씨 임구령(1501~1562)은 벼슬을 등지고 조선 명종(1558) 13년에 거치고 요월당과 1964년 쌍취정을 짓고 동생 임억령과 함께 지냈다고 한다. 임억령, 김성원, 고경명, 정철 네 사람을 식영정 사선(四仙)으로 불렀고 경치가 아름다워 달맞이 놀이를 하며 술과 노래로 시를 짓던 곳으로 성산의 경치 좋은 20곳을 택하여 20수씩 모두 80수「식영정이십영(息影亭二十詠)」을 지은 곳으로 유명하다고 한다.

3   요월당(邀月堂): 달 불러 노는 곳.

4   매견월(梅見月): 음력 2월이면 매화를 볼 수 있다 하여 매견월이라 한다.

질세라 산청 운리 정당매(政堂梅)[5]는 담을 넘어
임은 언제 오시나 연금(撚金) 치마폭을 펼쳐 가야금을 뜯네

---

5   산청 운리 정당매(政堂梅): 현존 한국 최고의 고매(古梅) 중 하나이다. 매년 3월이 되면 절터에 고결하고 은은한 향기를 가득 뿌린다(수령 약 640년).

민들레 상점

민들레 상점 제목으로 초등학생과 문장놀이를 해보았다.

초등학생 - 민들레는 생명체다
　　　　　민들레를 보면
　　　　　노란색
　　　　　하얀색이 생각난다.

나　　　- 동네 언덕 작은 가게
　　　　　민들레 상점이 문을 열었다.
　　　　　한 입 깨어 물면 행복해지고
　　　　　두 입 깨어 물면 사랑에 빠진다.
　　　　　와우!
　　　　　저녁이 되면 매진되어 상점 문을 닫는다.
　　　　　오늘도 매진이다.
　　　　　앗…
　　　　　한발 늦었네
　　　　　사랑 솜사탕을 만드는 민들레 상점
　　　　　그냥 나눠준다네
　　　　　또 오세요.

아스피린

어느 어류 작가의 시를 보고
그녀의 시어는 말로 형용할 수 없는
감동과 감탄을 주네

어젯밤 만나 시간을 함께 보냈던 연인 생각에
방금 작성한 문자 메시지는
두근거리는 가슴 전율을 주네

길가에 이름 모를 빨간 꽃 한 송이
천사 같은 볼그란 미소 발견은
악몽 같은 오늘을 잊게 해주네

안식을 주는 이름 모를 빨간 꽃
너에게 근사한 말은 못 하지만 나의 미소를 보낸다
고마워 나의 아스피린…

감정

내 마음 나도 몰라…
코코넛 야자수는 물부리 동무에게
달달한 상콤상콤 레몬 맛 시원 단수
에너지 거침없이 손시시 유혹하니
질투 난 과육 젤리는 감돌기만 할런가?

시

시는 커다란 나무다
깎고 다듬어야 하니까
시는 고급진 핸드 드립 커피다
낭만 향기 나니까
시는 단짠단짠 슈가 머랭 쿠키이다
아삭 짜릿한 맛 나니까
시는 오늘 내가 먹는 사랑이다
영감을 주는 선물이니까

봄바람

서울 호수를 낀 도시공원은 눈부시게 아름다웠다.
연분홍 튜울립 꽃은 이른 봄에게 사랑 고백 준비를 하려는 듯하였다.
어느새, 봄은 거기에 있었다.
덩달아 말랑해지는 기분은 왜일까?
고백을 주고받을 그 사랑을 훔치고 싶었다.

봄바람

살랑이는 바람 한 자락
두 뺨에 보드랍게 한올지네

옷깃을 토닥이다 머리카락 한 올 흔들어
콧등도 간지럽히네

추풍아풍 춘풍여풍
책장을 또르르르…

분홍분홍 신발까지 밖에 나가자 하네

밖에 나가자 하네

선녀가 내려왔다

해 지는 저녁 몰래 모습을 드러내다 나에게 들킨 향기로운 치자꽃
그 투명한 하얀 색과 표정이 마치 선녀를 보는듯했다.
여기 무슨 일로 내려오신 거예요?

옷을 도둑맞았나요?

....

선녀가 내려왔다

하얀 궁중 날개옷 속에
새하얀 가면으로 얼굴을 깊숙이 감추고
장미꽃같이 변장을 하고 있는 치자 꽃

아무도 모르게 밤에만 다녀서일까?
나와 마주친 적 없는 선녀 아가씨
여기 무슨 일로 내려오신 거예요?

어젯밤 두고 간 버들피리를 찾으러 오셨나요?

아니면, 옷을 도둑맞았나요?

그것도 아니면, 선녀라는 비밀을 소문내어 줄 나무꾼을 아직 못 만났나요?

오늘 당신의 비밀을 절대 말하지 않겠어요

내일도 당신을 볼 수 있게 해줘요

너무 고운 치자꽃 선녀 아가씨

개망초

역사의 목격자 개망초…

개망초

하나도 쓸모없는 푸성귀 같겠지만

조선의 밤하늘을 또렷이 지켜보았다네

사라진 영토에는 별들도 사라지니

서럽다 말도 못 하고 속마음만 타도다…

바람개비

새벽부터 서둘러 준비하고
잠자지 않는 바람개비야
여러 개의 귀를 접고
한쪽 눈만으로도
바람 방향을 잘도 맞추네
속도 빠른 바람개비야
16세기 바람가비에서
21세기까지 날아왔네
바름재비 발람개비 바름개비
어떤 이름을 불러도
너는 어릴 적 내 친구야
오늘 하루도 날개를 펴고 잘 보내렴

백일홍

난 있지…
네가 이사를 온 것도, 또 그렇게 가버린 것도 몰랐어.
너를 무지 좋아했다는 걸
차마
말하지 못했어.

....

백일홍

백 일 동안 붉게 물든 나의 심장은
한여름 가도를 달리듯 뜨겁고 빨라서
소나기도 비켜 갑니다

백 일 동안 말하지 못한 고백이
소낙비 머금은 먹구름 되어 산산이 부서지고
왜주홍 무지개는 흔적도 없이 사라져 버립니다

백 일 동안 혼자 지핀 모닥불로
밤하늘 별을 부르고

차마 말 못 한 고백은 순결로 피어오릅니다

꽃 속에 또 다른 꽃이 혼자 하는 사랑은
구십 일이 지나 영원처 머물지 못하는
백 일을 마주하는 것이 두렵기만 합니다

미완성 단편영화
- 그 숲속

왕비

죄인은 어서 사약을 받거랏!

조정의 반대파에 노여움을 샀던 왕비는 사약을 받게 되었다.

왕비를 사랑한 호랑이 한 마리가 사약을 엎으려 달려들었으나

신이 노하여 불꽃으로 모두 태워버렸다.

그때

하늘로 훨훨 날아가는 새의 깃털 하나

어느 숲속에 날아든다.

(몽환적 현대판 교차 씬 적용)

리샤! 학교 갈 준비해!!

케리는 시리얼 한 술 떠먹는 동생 리샤를 가장 빠르게 등교를 시키고 자신도 학교를 가야 했다.

늦었기 때문이다.

동생 픽업을 하고 돌아오는 그 숲속 인근…

도로 주행 중 뒤에서 강하게 추월하려는 차와 충돌 위협을 느끼며 브레이크를 강하게 밟다가 날아드는 새와 충돌한다.

끼익… 쿵.

가로수를 박은 케리는 정신을 잃는다.
새의 깃털이 날아서 케리의 영혼을 그 숲속으로 인도한다.

7 숲속

삐그덕 덜컹… 삐익… 스르르르 쾅…
어서 와…
쓰윽… 쏴아아아아아…

그 숲의 문은 아무에게나 열리지 않은 문이었다.
꿈 많은 소녀들에게만 열렸다.
가까이 올래? 닿지는 말고… 조금만 가까이 와…
누군가가 어린 소녀의 목소리로 말을 했다.
숲에 숨어 까만 눈을 가진 미국자리공이었다.
나는 독이 있어. 왕비의 사약에는 내가 있었지.
음…
여기 이 숲엔…

삐그덕 덜컹… 여기 이 숲엔…

미국자리공은 잠시 말을 멈추었다.
사실… 이 숲엔 슬픈 이야기가 있어.
검붉은 눈이 초롱이는 것은 어느 소녀의 영혼이었다.

소녀는 미국자리공이 우거진 정글에서 모습을 감추고 말을 계속 이어나갔다.

죽어야만 살아나는 이곳

비밀의 숲엔 아무나 들어올 순 없어

왕비가 되고 싶은 소녀 외엔

그냥 나를 스치기만 해도 독이 올라 참지 못하고 저 문밖으로 뛰쳐나가거든.

죽을 각오로 독이 올라야 이곳을 통과할 수 있어.

부탁이 있어.

(그냥 나를 스치기만 해도 독이 올라 참지 못하고 저 문밖으로 뛰쳐나가거든. 죽을 각오로 독이 올라야 이곳을 통과할 수 있어) - 반복되는 목소리

반복되는 목소리에 소스라치게 놀라 케리는 뒷걸음질 친다.

그때 애절한 숲속 소녀의 목소리

부탁이 있어.
되돌려야 하는 일이 있어. 부디 살아서 나의 부탁을 들어줘.

숲속 목소리가 점점 사라진다.

미국자리공은 케리의 온몸에 자리공 열매가 닿도록 가까이 가는

바람에 케리는 독이 올라 물속으로 뛰어든다.
아아아악…

삐그덕 스르르
호랑나비가 깃털을 펄럭이자 천둥번개가 우르르르꽝… 장대비가 쏟아진다.
삐그덕 털컹…
꽝! 쏴아아아아…
문이 닫힌다.

케리의 부모 또한 그 자리에서 교통사고로 죽었다.
사건을 아무리 조사해도 이유를 알지 못했다.

케리는 집으로 돌아오지 못했다.

케리는 어떤 이유에서인지 그 숲속에 영원히 갇혀 일 년에 딱 한 번만 피는 노란 꽃이 되고 말았다.
충돌로 죽은 새가 깃털을 이용해 문을 닫아버렸기 때문에…

쏴아아아아아…

리샤는 어디로 간 건지???
앞이 보이지 않을 정도로 비가 쏟아진다.

그 숲속 형체를 알아볼 수 없는 중년 남녀 그림자가 문을 연다.
경찰은 두 자매의 행방을 쫓으며 경찰 또한 그 숲속으로 들어가 사라지며 문이 쾅! 닫힌다
음산한 음악과 함께 이 영화는 끝이 난다.

그래서?
아이 나도 몰라…

상상은 자유예요.

봄 까치 꽃

안테나 높이 세워
봄소식 알리는 너의 이름은
봄 까치 꽃

멀리 저 멀리 꽃씨를 뿌려
높이 더 높이 돌담을 타고
봄소식 알리는 너의 이름은 또 있지!
후웃…
함께 웃을 수 있는 또 다른 너의 이름은
나만 알고 싶어라

수척한 마음 조각
꺼내어 볼 수 없었던 지난날들
너를 보며 작은 위로를 얻는다

봄 까치 꽃…
겨울 같았던 나에게
마중 나와줘서 고마워…

〈엘비라 마디간〉 영화를 보고
– 이룰 수 없는 위험한 사랑에 관하여

깊은 숲속…
이룰 수 없는 위험한 사랑이 순백으로 꽃을 피운다.
그 꽃의 이름은 모차르트 피아노 협주곡 21 불두화
불두화를 닮은 연인 알로지아와 볼프강 아마데우스

알로지아

볼프강 아마데우스에게

볼프강 아마데우스
당신은 내 사랑
당신은 영원한 나의 첫사랑

당신의 손끝에서 나를 그려줘요
당신의 음악으로 나를 뜨겁게 안아줘요
이 말이 안 되는 위험한 나의 감정은
하늘에 닿을 듯이 부풀어만 가오

용기 없는 나의 사랑을 노래로 답할게요
나의 노래를 받아줘요, 나의 노래를…

볼프강 아마데우스여
볼프강 아마데우스여
볼프강 아마데우스여

오 나의 사랑
단 하나 진실의 말은 당신을 포기 못 해요. 절대… 절대…
이룰 수 없다면 차라리 절 쏴요
당신 손에 죽겠어요
그게 더 행복할 테니…

한 발의 총성 소리
"탕"

파도 같은 구름 하늘이 비단결같이 연못 속에 비추며 불두화 꽃잎은
그 연못 속으로 하염없이 떨어지고 떨어진다

인연

인연이라면 다시 만나겠지요?…

인연

가시털 세워진 고슴도치 옷깃에는
정애도 있겠지만 결별도 도사리네
뜻밖에 오다가다 우연히 어쩌다
마주친 옷깃이라면 애써 돌이키지는 마시게

모차르트 피아노 협주곡 21번
전율이 흐르는 깊은 '숲속의 아침'

알로지아와 볼프깅 아마네우스가 서로에게 고백하는 사랑의 세레나데

이룰 수 없는 위험한 사랑이 순백으로 꽃피는 싱그런 연한 연둣빛 숲은 이들의 자연 천국이었다.

....

볼프강 아마데우스

나의 천사 알로지아에게

나의 사랑 알로지아
이 마음을 숨김없이 당신께 드려요
나의 사랑 볼프강 아마데우스 당신을 향한 이 마음은 오직 당신뿐이란 걸 기억해 줘요
햇살 고운 깊은 숲 나비 한 쌍, 맥문동 꽃 가지에 앉았다가 날았다가 바람에 살랑살랑
오… 아름다워라

오, 알로지아 나의 천사여
당신은 내 사랑
당신은 영원한 나의 첫사랑
당신의 향기에 마음을 빼앗겨 버렸어요
첫눈에 반해버렸어요

알로지아
당신은 오직 하나뿐인 사랑
지금 여기 사랑의 빵과 술로 우리 사랑을 나눠요
우리 사랑을 나눠요
우리 사랑을 나눠요

알로지아
알로지아
알로지아
나의 천사 알로지아여!

고백해요
나의 사랑은 오직 당신 하나뿐…
당신을 향한 사랑이 높은 계단을 오르듯이 부풀어만 가오
당신을 포기하느니 차라리 저 강물에 빠져 죽겠소
아니
나를 갈기갈기 찢어 죽여주시오…

그게 더 행복할 테니

오, 알로지아
나의 하얀 천사여
나의 목숨을 가져 그대 천상의 목소리로 나를 뜨겁게 안아줘요
제발… 제발… 오… 나의 사랑
나의 천국 알로지아…

또 한 발
탕!

불두화

작가의 시선

깊은 산속에 조용히 피는 하얀 불두화를 보고서
인정받을 수 없는 위험한 사랑에 빠진듯했다.
오직 사랑만을 위해 깊은 산속으로 도망쳐
숨어버린 바보 같은 꽃이랄까?…
사랑에 빠지는 이유는 많지만, 어느 누가 말하길
사랑을 하려거든 목숨을 내어놓아야 한다고 하였다.
그것이 진짜 사랑이라고…
사회적 시선과 윤리적 관념에서 이룰 수 없고 인정받지 못한다 해도 그 바보 같은 사랑은 자신의 목숨을 내어놓고
 백일몽에 서로를 바라보고 있지 않을까?라는 생각이 잠시
 그들이 하는 사랑에 동의할 수 없고 인정할 수 없지만,
 세계 여러 문학뿐만 아니라, 실제로 수많은 러브 스캔들을 목격하며 솔직히 축복을 빌어줄 용기는 없다.
 사랑에 빠진 순간만큼은 그들의 진심이라는 위험한 사랑
 인정할 수 없고 이룰 수 없는 불두화 슬픈 사랑이
 영화 〈엘비라 마디간〉에 피어 있었다.

해석은 자유예요.

불두화

세 갈래로 나눠진 사랑이라는 운명에
하얗게 꽃이 피었디 하구나
그 사랑 길은 여러 갈래일지는 몰라도
순수하고 싶어 하고 오염되지 않기를 용기 내어본다 하구나

비록 지붕은 없어도 사랑 사랑 하얀 마음이로구나
깊은 산속으로 도망친 사랑
함께 가자 나도 따라가오
홀로 펴 외로워 말고 나도 데려가 주오

사랑이 합쳐 네 개 꽃잎 되어 나비처럼 날고
부푼 꽃 덩이 산뜻한 향기로 노래하고 싶다 하구나
덜 피었다 서러워 마라
하늘 꼭대기까지 부풀 테니

미추홀

미추홀은 고구려를 떠나 비류, 온조 형제가 남쪽으로 내려오던 중 비류가 머물러 나라를 세운 곳으로 지금의 인천지역이다.

비류와 온조는 욕심을 내려놓고…

....

미추홀

명경정(明鏡亭) 물레에 태양이 구르네
송하정(松河亭) 물레에 달빛이 구르네
별빛 한 아름 사모지 고개는
옛 전설을 되찾고
문학산성(文鶴山城) 봉수대(烽燧臺)는 이천 년을 되찾네
비류와 온조는 욕심을 내려놓고
청명정(淸明亭) 정자에 비류정(沸流井) 담수(淡水)를 함께 마시니
온 땅이 자유롭구나
온 땅이 자유롭구나

진달래

뛰지 마라 뛰지 마라.
꽃 피는 봄에는 뛰지 마라.
아기 손 다칠라…

진달래꽃

뛰지 마라
뛰지 마라 넘어질라
꽃 피는 봄에는 뛰지 마라
아기 손 다칠라
돌부리 등에 넘어지면
심심산천 진달래 꽃잎도
따라 넘어진다네

울지마라
울지마라 방울 같은 두 눈 빠질라
꽃 피는 봄에는 울지 말라
고운 얼굴 퉁퉁 부을라

목 놓아 슬피 울면
방방곡곡 진달래 꽃잎도 연분홍 손수건 꺼낸다네

매혹

팥배나무 붉은 열매 그 아름다움…
그리고…
그것은 진심이었을까?

....

매혹

붉어 터질 듯
내게 모습 보여준 너는
진심이었을까?

한 가닥 실조차 없는
실오라기 모습 보여준 너는 내게
진심이었을까?

내게 바짝 다가와 방울로 여울진
너의 간절한 눈빛은 그 눈빛은
진심이었을까?

강렬한 눈빛 교환으로 압도되어 나는 흔들리고 빠져들었다
그런 손짓의 손길에 매혹되어
나는 몽글한 입술 속 부드러운 살을 주고 말았다

흠칫…
아…
그가 거세게 밀어붙인다

새의 노래

지난날
꽃밭에 뿌린 씨앗의 안부에는
눈만 흘길 뿐

....

새의 노래

눈이 녹아서 비가 된다는 우수가
수선스럽지 않고 얌전히 찾아왔다

지난날
꽃밭에 뿌린 씨앗의 안부에는
눈만 흘길 뿐…

그리고 잠시…

봄을 가로막고 있는 건 자신을 시샘하는
꽃샘추위라고 조심히 말한다

그리고 나지막이…

바다로 간 노인은 아직 돌아오지 않았지만
짙은 잿빛 마른 나무껍질 속에
짙은 녹색 제공권을 분명히 가져올 거라고 낮꽃을 피운다

바소꼴 물결 위 뱀피 톤 악의 피여!
수평선 너머에는 옳고 그름이 떠나고
친절함도 떠났네

월계수 씨앗 하나
봄 향기 부르는 새의 노래
새들은 하늘에 있을 때 노래해요
그들이 부르는 것은 평화 평화 평화

우린 어디로 가는가?

지난 날 꽃밭에 뿌린 씨앗의 안부에는
눈만 흘길 뿐 ‥

사람아

서울시 양화대교 깊은 수심은 선유도에 핀 꽃들에게 말하길…

사람아

사람아
사람아 그곳에서 마음을 벗지 마오
차디찬 강물 위에 눈동자 떨구지 마오
돋아난 날개 두 쪽 허공에 던져놓고
차가운 바람 속에 쇠를 달고 이름을 던지지 마오

사람아
그곳에서 신발을 벗지 마오
돌아올 수 없는 죽음의 다리 그 위에 서지 마오
선유도 핀 꽃이 안타까워 우네
예쁜 꽃보다 더 예쁜 사람아 자신을 꺾지 마오

건널 수 없는 강

임진강은 한강의 제1지류라고 합니다.
그 면적은 남한이 3,000.8km^2
북한이 5,108.8km^2
강원도 북부로 흐르면서 평안천과 고미탄천과 합류하여
한탄강에서 한강까지 흘러들어
서해로 흐르는 임진강
임진각과 자유 다리도 있지만 분단 되어 서로 왕래할 수 없어
그 안타까움과 소망을 표현해 봅니다.
꼭 자유 민주주의 자유 대한민국으로 통일되어 왕래할 수 있기를…

건널 수 없는 강

통나무 작은 쪽배야 임진강 배 띄워라
장단에 장단석벽 잎담배 모락이네
평안천 고미탄천 흘러온 한탄강아
평화의 돛대 물빛 저어 남과 북 하나 되어
자유 대동하게 하소서

라일락 질투

그런 널 갖고 싶어.
무척 샘이 나서 말야…

라일락 질투

너에게 달콤한 향기가
어여쁜 빛깔이 천진한 미소가

너에게 빼앗긴 시선은
향훈에 젖고 황홀에 녹네

그런 순수한 얼굴 속 반짝임이
그런 모습 자태가 브레이크 없는 질주 같아

그런 너를 갖고 싶어, 무척 샘이 나서 말야
잭슨 씨는 집에 없지만 세인트 로즈 그녀는 꽃밭에 있네

그녀를 변함없이 돌보던 그녀

지금 여기 그녀가 잠들다

세인트 로즈!
너에게선 나에게 없는 바스락 과자 냄새가 나…

바람을 만났다

마장호수 출렁다리에 부는 바람은 여름을 완전히 뽑아버렸다.

....

바람을 만났다

부드러운 공기의 움직임으로
너에게 나부끼는 바람이 되겠어
날 가져도 좋아
창백한 하늘도시 줄 잇는 공중 전기 번개가 번쩍
엉키어 떠 있는 얼음 결정을 부수고
차갑게 소나기가 쏟아질 것을 직감했다

쭈뼛쭈뼛 우리 간격 좁혀든 세찬 바람
살을 에는 변덕스런 바람을 만났다

내 귀를 핥는 달콤한 약속
악마의 헤비메탈 바위 위에 떨어지네
웃고 있잖아 우리

너를 울려주겠어 울려줄 거야

이유 없어

날 가져 날 가져봐

빨간 바지는 입지 못해 상상하지 마~

바람은 의미심장한 웃음을 짓는다

그렇게 나는 끝없이 하늘을 방랑하게 되었다

차르르르… 쏴아… 출… 렁…

서양 봉선화

쨍
그
랑
.

유리 파편이 날카로운 소리와 함께 불꽃처럼 사방으로 튀었다.
떨리는 가슴은 나만 그랬던 걸까?

서양 봉선화

식탁 위 빈 꽃병이 깨질 때
날카롭게 내 손을 할퀴던
그해 겨울 첫눈이 내렸다

물방울을 닮은 작은 씨앗들이
그대 없는 나의 쪽방에
애달픈 전설이 되어 소용돌이치고

자리자리 간지럽게
너를 가득 담은 욕조에 늘어져
아슬한 곡예의 주문을 새긴다

두근두근 떨리는
가슴은 나만 그랬던 걸까?
분명… 분명… 분명

유치한 사랑의 무게로
백 년을 훔치던 위선의 까르떼에 트리니티
술에 빠진 그날…

장마당

라흐마니노프, 피아노 협주곡 2번 C단조 OP. 18…
코로나 19 팬데믹 상황에서 먹고사는 문제에 비상이 걸렸다.
더 이상 물러설 곳이 없는 장마당에 시선이 갔다.

손등에 차가운 빗방울이 똑…
공몽히 바람이 마구 흔들리는 광경을 목격하며
나는 베란다 창가에 서서 단숨에 크루아상 빵 한 개를 먹어치웠다.
그것이 하루 한 끼 전부였다.

....

장마당

짙은 은회색 먹구름 아래
오묘한 은광이 비치며 내려앉네
이슬비 덩달아 춤추는 돌풍에 고목 나뭇가지가 휘청~

공몽히 바람이 마구 흔들리는 광경을 목격하며
나는 베란다 창가에 서서 단숨에 크루아상 빵 한 개를 먹어치웠다
더 이상 먹을 크루아상 빵은 없었다, 그것이 하루 한 끼 전부였다

손등에 차가운 빗방울이 뚝…
은광은 빗발치게 세상과 뒤엉키어
흐린 고난의 행진으로 배수진을 친다

코로나19 팬데믹 속에 각국의 부양책인 유동성 살포와
우크라이나와 러시아 전쟁으로 전 세계가 고물가 그물에 걸려
먹고사는 문제와 싸워야 하기 때문에 뒤로 물러설 곳이 없다

먹구름 사이로 붓도 잡기 전에
누구 하나 목을 칠 생각에
서슬이 시퍼렇게 장마당이 선다

빗장

사람 마음 문만큼 어려운 문이 있을까요?

빗장

들어오는 이
사뿐히 내 마음 녹여 빗장을 풀고

나가는 이
내 가슴 할퀴고 빗장을 빼 박차고 나간다

들어올까 말까 하는 이
눈치만 보다가 빗장의 애간장만 태우고

문빗장 만지작거리기만 한 이
밤이 새도록 빗장을 빼지 못했다

세상을 살아가다 보니 사람 마음이 내 뜻대로 되지 않더이다
굳게 잠긴 마음의 문

빗장(시조)

자물쇠 가로지른 문빗장 쇠막대는
한낮의 정오부터 한밤의 자정까지
떠나간 임 그림자 배웅도 요란하네
돌아올 임 그림자여 마중만은 않으리

사랑하는 당신에게

노을 지는 중학교 옆 공터
철망을 비집고 달맞이꽃이 고개를 내밀었다.

....

사랑하는 당신에게

날이 저물어 갑니다
오늘 하루 어떠셨나요?
지친 하루였나요?
그렇다면 오늘 밤 둥근 달을 보세요
당신을 응원하는 맘 하나 걸어둘 테니

날이 저물어 갑니다
오늘 제가 보고 싶었나요?
많이 생각났나요?
그렇다면 오늘 밤 둥근 달을 보세요
한 송이 꽃 모양 달이 되어 환하게 비출 테니

이런 나의 맘 몰라줘도

이런 나를 잠시 잊었어도
당신을 위한 마음 향기
밤하늘에 뿌려놓을 거예요
그러니까 힘을 내…

주목

오래된 고궁의 곳곳엔 귀신을 쫓고 죽은 자들을 살려내는
전설의 붉은 나무가 있었다.
천개(天蓋)한 방울 되어 환생 담장에서 빛나는 별들…

2022년 10월 29일 오후 4시 56분 창덕궁 주목 나무 촬영을 나갔다.
집으로 오던 길에 이태원을 들를까도 했지만, 차가 막힐까 봐서
곧장 집으로 돌아왔다. 잠시 후…
이날 오후 '이태원 참사가 발생하였다.'는 뉴스를 전했다.
충격이었다.
정말 진심을 담아 고인들의 명복을 빌며 이 시를 바칩니다.
다시 살아나길…

주목(朱木)

천 개의 별들이 숫자 놀이 하듯
높은 고지 위에 수줍게 앉았다 서서
새들이 고요할 때 깊은 밤을 여는 백유(白楡)

오색 찬란 격조(格調)는
낮은 처마 홈통까지 기와(起臥)하며
실바람과 성 풀이로 흥미를 이룬다

남쪽 해가 온화하게 남기고 간 짧은 편지 한 통
고상한 여운(餘韻)이 메아리쳐
아슴아슴 운치(韻致)로 파고드네

결코 속살은 보여주지 않을 작은 발로 천천히 걷다가 한없이 눈물 적시는 이름들…
천개(天蓋)한 방울 되어 고궁(古宮) 장독마저 흔든다
환생(還生) 담장에서 빛나는 별들

눈꽃

밤새 눈이 펑펑 내린 탓에
삼백 년 고목 나뭇가지 사이로, 눈꽃이 피고 있었다.

....

눈꽃

간밤이 어두웠던 까닭에
낙목한풍(落木寒風) 고추바람 돛을 접어
기생 환갑을 치른다
동짓날 풍등(風燈)은 팥을 부수고
긴긴밤 갓끈은 홍사초롱(紅絲초籠) 하여도
설화(雪華)는 비단 장수 목청만 본다네
붉은 등과 푸른 술은 홍사(紅絲)를 꿰어 정적(靜寂)만 부르고
어둑함 위에 하얀 노래 꽃이 앉아 있다…

라면

보글보글

보리새우 감칠맛 육수를 우려

스프 스샤스샤

면 퐁당 촤악…

보글보글 지글자글

이것들 서로를 껴안고 격하게 뒹군다

딱 2분이에요

그다음엔 제가 안을 거예요

변함없이 엄마표 김치가 나선다

나도 돕겠어

후루룩… 후루룩 쭉르르륵 면 끊지 마

라면 맛있게 끓여 먹는 것도 실력이에요!

풋…

그냥

느티나무 아래에서 널 기다릴 때 말야…

그냥

그냥
그냥 네가 좋았어
길을 함께 걸을 때에도
밥을 같이 먹을 때에도
그냥 네가 좋았어
눈을 마주칠 때에도
부끄럽게 손을 잡을 때에도

그냥
그냥 네가 좋았어
별 얘기 안 해도 가깝게 있는 게 좋았어
내 마음 전부 들킬까 봐 수줍던 시간들
두근거리는 마음을 감추고
느티나무 아래에서 널 기다릴 때 말야…

더는 말하지 않겠어!

물수레국화

만약 이 세상 모든 것이 사라진다면 너도 없는 걸까?

물수레국화

물 분수대 세차게 솟구치는 놀이터에서
첨벙 까르르르
아이들 웃음소리가 꿈을 높이 띄운다
동네 텃밭 물 실어 나르는 아낙네 채소밭에서
사각사각 삭삭
흙 파는 호미가 꽃씨를 넓게 심는다
어두워진 밤하늘
어젯밤 떨어진 물수레 별똥별 곁에서
나는 이루고 싶은 소원을 적는다
수많은 별똥별이 아이들 꿈속에
아낙네 마음속에 떨어져
물수레 국화처럼 활짝 피라고
행복하라고…

개나리 코찡

항상 너는 내게 없었어.
내가 널… 얼마나 기다렸는지 알아?

아냐!
내가 아니고 네가 없었어.
그렇게 말하지 마.

아냐! 내가 필요할 때 항상 없었던 건 바로 너였어.
사실대로 말해.
아니라고 말하지 마.

(개나리는 당황하며) 사실… 어… 나는… 어… 어…
꽃을 피우지 않더라도 언제나 네 곁에 있…

아니야!
거짓말하지 마.
어떻게 그래?
어디 숨었다 이제 나타난 거야???…

티격태격…

나는 노랗게 옷을 입은 개나리를 만나 한바탕 쏘아붙였다.

다음 날…

"나는 항상 그 자리에 있어.
어제는 너의 맘 몰라줘서 미안"
개나리는 내가 가는 길마다 팔을 뻗어 꽃길을 만들어 주었다.

노오란 꽃길을 만들어 준 개나리를 보고 나는 코끝이 찡… 했다.

아냐…
사실은 내가 널 볼 여유가 없었어.
내가 더 미안…

꽃댕강

가는 길 막고서는 우짖어 사로잡네.

꽃댕강

길가에 한 움큼씩 꽃 방울 피어내고
가는 길목 가로막고 우짖어 사로잡네
꽃 방울 흔들흔들 꽃 가마 곱다랗다
단단한 내 마음까지 향 내음에 젖노라

봄 그대

봄 봄…
낯선 봄이 나에게 손을 내밀어
같이 춤을 추자고 애교를 부린다
난 그럴 기분 아닌데

봄 봄…
살며시 살구꽃 향기 한 다발
살짝 소매 옷깃을 당긴다
꽃가루 가득 싣고 날아온 나비 한 마리마저도 살랑살랑

봄 봄…
받을 수 없었던 봄 부케
이제는 받고 던질 수 있을까?
겨울 껍질을 단단히 쓴 기억의 팔짱에서 나는 봄을 끌어안고 운다

봄 봄…
봄… 그대…
다시 온 그대…
다시 돌아온 그대…

신당화

장미꽃과 같은 향긋한 향기에 집을 나간 명자.

………………………………………………………………

신당화

동구 밖 어귀 십 리 길 길섶에는
고요한 메아리가 향기로 절규하네

대문 밖 길모퉁이 조용한 도로변에는
자유 박힌 풋 익은 향기가 신음하네

동백화 동근 얼굴
장미화 붉은 얼굴

새초롬 여자의 마음
집으로 돌아올 줄 모르고 향기만 날리네

명자야!

잡채

삽채를 만늘어 본다.
소소하게 사는 법을 익히며 마음을 나눈다는 것
잘 안되지만 밝게 노력해 보기로…
잡채는 번거로운 면들이 있지만
숙채의 맛은 참 좋다.

물망초

한바탕 비라도 쏟아졌으면…

....

물망초

그대와 걸었던 길 따라
그대의 발자취에
나의 발을 맞추어 봅니다

그대와 나누었던 이야기를 떠올려
그때 했었던 말들을
또다시 되새겨 따라해 봅니다

그대가 손 내밀어 꼬옥 안아주었던
그때를 그려보며 나도 모르게
손을 허공에 내밀어

기억 속에 있는 그대를
어렴풋이 그대를 만나봅니다
어렴풋이…

아리따운

후덥한 여름 불 분수 쏙탄 터지는 물방울이 내 볼을 적시네.
연한 무지개 실루엣이 감추었다가 보였다가 사라졌다가 선명히 보여주네.
내 기분은 클라이맥스!

아리따운

이다지도 끈질긴 무더위는
복잡한 도시를 떠날 줄 모르네
말 없는 조각구름이 아리따운
폭염 전주 네 마디는
분수대 물 폭탄 샴페인 내 볼을 적시네
핫
말이 되고 안 되는 건 나도 몰라
쿨
폭염 간주 내 기분은 클라이맥스
부서지고 깨지는 인생 역경엔
무지개 후렴 아리따운

달고나 케이크

호두를 투하한

바나나가 폭파한

날계란이 뛰쳐 달아난

결국

그들은 한 밥솥에 나란히 나란히…

설탕 바위 속 이글거리는 욕망은 사랑인가? 전투인가?

큰 꿩의비름

홀로이 혼자라도 바람이 찾아오네
외로이 홀로여도 구름이 찾아오네
무언가 목마름에 비들도 찾아오고…

달

어디를 가십니까? 적삼이 청초하니
수평선 일렁이는 서쪽의 바닷가에
단령을 찾아가오? 감벼락 난험한데
어두운 폭풍 망야에 버선조차 없구나

분홍바늘꽃

분홍바늘꽃 나를 봐요
오늘 가시방석에 앉은 기분이지만
당신을 보며 당신만의 절개를 믿어요

분홍바늘꽃 나를 봐요
나의 언짢은 기분 따위는 상관 말아요
혼이 나도 당신만을 위해 노래할 거예요

분홍바늘꽃 나를 봐요
고개 숙이지 말아요
분홍빛 얼굴 감추지 말아요
당신을 떠나지 않을 테니 토라지지 말아요

낮달맞이꽃

언젠가 본듯한 기시감에
물음표를 들고서 그곳으로 달려가 보니

낮달맞이꽃

숨 멎을 한낮 고요함에
저만치 떼어둔 아픈 기억들이 되돌아와
슬픔 위에 비창을 적시네

또
그것은 반복하다가
불현듯…

언젠가 본듯한 기시감에
물음표를 들고서
당장 그곳으로 달려가 보니

너와 내가 만들었던 세상이

여기 있었네
털썩…

오
신이시여!

별 곁듯 그리움이 눈부시게 총총히 내려앉은 너를
일일 여삼추 애태웠던 가면은 벗고
열규로 두 눈 적시는 너를 뭐라고 부를까?

바람 따라 사랑 향기만 얄궂게 뿌려주네

양귀비

작가의 시선

꽃 양귀비를 보고서 중국 고대 4대 미녀 당나라 현종의 비 (719~756) 양귀비 이름은 양옥환, 춤과 음악에 뛰어나고 현종의 총애를 받았던 양귀비 일생에서 같은 여자로서의 지극히 개인적인 측은감과 시대 공감을 느꼈다. 이해할 수 없는 그녀의 기구한 운명에 시선이 갔다. 만약 나였다면 이 운명에 어떠했을까? 은장도는 없다. 다만,

---

양귀비

여문 꽃이 아닌 청춘에
열 다발 애정 공세 이길 자 있겠느냐
이룰 수 없다 하였거늘…

경국지색(傾國之色) 태진궁 누각 아래
달밤도 여린 꽃대 애달파
화무십일홍(花無十日紅) 권불십년(權不十年) 죽도(竹刀) 앞에 흘린 피눈물아

가거라 어서 가거라

뒤도 돌아보지 말고 가거라

적색 비단 피륙에 찢겨진 이내 순정아

햇살 고운 봄 그늘에

그대가 짓밟고 간 이 마음은

월동(越冬)하여 열흘 꽃으로도 피어나지 않으리

눈부셔

한 번 두 번 보다 보니…

눈부셔

처음부터 끌리진 않았어

한 번 두 번 보다 보니 눈에 들어와
나도 모르게 다가가게 됐어
다가가 말하진 않았지만
그 어떤 말도 우리 사이에서 숨죽여 설레었지
내 맘 나도 몰라 웃고만 있었어
그래… 너도 웃어주었지
너와 나 어색한 시간들 속에서
딱히 고백 같은 건 없었지만
그 모습 보일 때마다 설레었어
눈이 부셔왔어
지금 넌 눈부셔…

벚꽃 기억

벗꽃잎이 흩날리는 봄
나의 머릿속은 너를 기억해 두었다.

벚꽃 기억

너를 만나 내 두 눈은 너를 보았고
너를 만나 내 가슴은 설레었고
너를 만나 내 머릿속은 너를 기억해 두었다
그때 기억해 두었던
파란 하늘 바람에 춤추던 너에게
예쁘다 속삭여 주진 못했지만

너는 내게 말없이 네 꽃잎을 날려주었다
겨울도 아닌데 눈처럼 쏟아진 너
소리 내어 말하진 않았지만
살포시 내 뺨에 입 맞추고 어깨에 내려앉아 인사를 했다
우리 또 보자…

반짝이는 밤빛

밤빛 가득한 풀잎 사이로 처서를 등에 업고 온 귀뚜라미 노랫소리는 나의 귀를 쫑긋하게 했다.

반짝이는 밤빛

달이 그들을 비추고 있다
아무 말 없이…
달맞이를 나온 꽃들 사이로
밤빛을 쏟아내는 개울가 물빛 위로
아직 소등하지 않은 아파트 불빛
입추(立秋)를 끌고 들어서는 밤하늘엔
별과 솜 구름이 반반
모두가 캄캄을 찢고
어두움을 벗겨내는 동안
풀잎 속에 처서(處暑)를 업고 온 귀뚜라미 노랫소리는
나의 귀를 쫑긋하게 했다
쉿!
조용…

이 모든 게 반짝반짝 반짝이는 고요한 밤 빛

나의 영혼도 함께 빛나고 싶은 밤이다

영춘화

절벽에 핀 영춘화 꽃에서 논개를 보는듯하였다.
그녀는 여전히 살아 있었다.

영춘화

만 길 만 심 낭떠러지에
열 가락지 꽃이 피었네
그날에…
군사는 패하고
백성들은 모두 죽었어도
남쪽 하늘 꺾을 수 없는 꽃이 피었네
가파른 의암 절벽(義巖 絶壁)에 희망 꽃이 피었네

우리의 만남

나를 완전한 하나로 만들어 술 짝을 찾아랏!

우리의 만남

나를 완전한 하나로 만들어 줄 짝을 찾아랏!!!
우연 같지만 절대 우연이 아닌 우리의 만남
둘이 하나가 되는 것

완벽한 하나가 되기 위해 스치는 옷자락
불완전한 나를 완전한 나로 불완전한 세상에
하나의 완전한 세계가 별 바다처럼 펼쳐지는 우리의 만남

사람들은 그 빛나는 진실을 모르지
반짝이는 하나가 되는 마법의 이유를
내 사랑 트와일라잇 너… 나의 에드워드…

피노키오

코로나19 팬데믹 상황에서 탈출하고 싶은 날 피노키오를 만났다.
나에게 한 가지 소원이 있어.
너의 코를 나에게 줄 수 있니?
커다란 고래 등도 타보고 싶고
무시한 상어 뱃속에도 구경하고 싶어.
제페토 할아버지도 만나보고 싶고
너에게 혼을 불어넣어 준 파란 머리 요정도 만나보고 싶어.
의리 있는 알리 도르 경찰견을 만나 살아 돌아오지 못한 램프 윅 친구를 구하고 싶고
서커스 단장을 만나 네 마리 검은 토끼들을 혼쭐도 내주고 싶어.
여우가 안 됐지만, 한정판 여우 꼬리 파리채는 꼭 사고 싶고
금화를 뺏으려는 강도 2인조와 맞짱을 뜨고 싶어.
잘못을 뉘우치며 용서를 구한 진짜 장님이 된 고양이는 데려와서 눈을 고쳐주고 싶어.
바보들의 함정이라는 마을엔 사과나무를 심어주고 싶고
장난감 마을 당나귀로 변한 아이들을 구출하여 학교를 지어
열심히 읽기와 쓰기 공부를 교육하고 싶어.
피노키오! 피노키오!
네 코를 나에게 줘…

토끼풀

깡총깡총…
소풍 나온 토끼풀이 보물찾기를 한다.

토끼풀

깡총깡총…
아침 한 줄 햇살에 살포시 얼굴 내민 토끼풀
아침 소풍을 나왔네
행복하게 실바람을 맞아주며
하얀 풀꽃 반지는 어깨동무 춤을 추네
살랑 바람은 네 잎 클로버 보물 숨기기를 하면
소풍 나온 토끼풀이 보물찾기를 한다
보이지 않는 그늘 사이로
한 줄 햇살이 힌트를 준다
와아… 찾았다 행운!!!

이렇게 보니 너 참 예쁘구나

너는 별

너는 별…
매 순간 보이는 게 아냐…
지금 이 순간뿐이야!!!…
나의 연약함을 응원하는 너…
가을을 더욱 붉게 빛내주는 단풍은 별처럼 나에게 다가왔다.

....

너는 별

너는 별
너는 나만의 별
하나만 있는 게 아냐
하지만 나에겐 오직 너 하나야
너는 나만의 별
딱 하나의 별
매 순간 보이는 게 아냐
지금 이 순간뿐이야. 안 그래?
말해줘 한 번만
영원히 함께 있겠다고 말해줘
언제나 곁에 있겠다고 약속해 줘

붉게 물든 단풍잎에 나도 모르게 주문을 걸어
어쩜… 오늘 이런 널 만날지도 모르겠단 생각에
심장이 두근두근…

시계

시곗바늘이 멈춘 광장 시계를 보고 친구가 시를 짓는다.
도시 도로공원이 조성된 광장에 큰 시계가 있다.
고장이 나서 움직이질 않고 있는데 친구가 시를 지어본다.

....

시계

오늘도 내 양팔은 쉴 틈 없이 움직인다
째깍째깍 뚜뚜뚜…
윽… 배터리가 떨어졌다
드디어 양팔을 쉴 수 있겠구려
아니 이 보시게 주인장
배터리 갈지 말어
내 팔 좀 쉬게…

으악…
우리 둘은 웃음을 터뜨리며 배꼽을 잡는다

산수유

산수유 꽃과 열매를 보셨나요?
이른 봄에 노란 꽃이 피고 가을에 열매가 빨갛게 익어가는데요.
그 어여쁜 꽃과 열매 풍경을 그려봅니다.

산수유

눈꽃이 시샘하랴 삼동(三冬)을 비켜서니
어찌나 애잔하게 꽃망울 틔우는지
벌 나비 웅웅대다 빨개진 볼따구야
조선지 낙화유무(落花流舞)에 김홍도도 웃구려

꽃마리

허리 숙여 가까이 고개 내밀어야만 자세히 보이는 꽃에는
노을이 내려앉아 수줍음이 가득했다.

······································

꽃마리

노을이 핀다
너의 얼굴 보조개 같은

노을이 핀다
어쩌면, 너만큼 나도 가지고 있을지 모를 수줍음이

노을이 핀다
너와 마주 보고 있는 지금 해맑은 너의 얼굴 같은 따뜻한 사랑스러움이

꽃을 갖고도

욕심의 내면을 내려놓기가 힘들 때

....

꽃을 갖고도

꽃을 갖고도 꽃을 갖고도
밤새워 끙끙 앓았네
잠자지 못했네
꽃을 갖고도 꽃을 갖고도
밤새워 잊지 않았네
아니 잊지 못했네
꽃을 갖고도 그 꽃을 갖고도
그 꽃밭을 서성이네
누가 뽑아 가진 않았을까?
짙은 색 향기로 유혹하네
내 마음 전부 앗아갔네
그 꽃이…

운명

죽지 않고 살아 있는 한 욕망의 싫은 세속 반복된다.
그것은 운명…

운명

가시오 오지 마오 다시는 오지 마오
고별이 울부짖다 찢어진 가슴 조각
황엽 한 나뭇가지 마른 잎 고엽 되었건만
낙조의 놀란 가슴은 한 방울의 단 이슬 같도다

아직도

코로나19 팬데믹을 겪는 힘겨움에 나날이 우울했다.
그런 나에게, 웃음을 잃어버린 나에게…
출근길 카페 거리 길목 제라늄은 있는 힘을 다해 힘껏 나를 반겼다.
함박 미소를 값없이 지어주었다.

아직도

아직도 그 자리에 있구나
예쁘게 단장을 하고서
내게 함박 미소로 손짓을 한다
마음이 울적할 때에도
마음이 허무할 때에도
마음이 격하게 소스라칠 때에도…
아직도 그 자리에 있구나
도란도란 작은 얼굴들이 모여서
커다란 보석 상자처럼 빛난다
아직도 그 자리에 있구나
도란도란 작은 얼굴들이 모여서

커다란 보석 상자처럼 빛난다
아직도 그 자리에 있구나
환하게 반겨주는 너의 마음
커다랗게 피어 아직도 있구나…
당신을 무지 사랑합니다라는 꽃말만큼 따뜻한 너…
이제 나도 함께 힘을 내어본다

서점에 가다

책 냄새 나는 서점에 가다…

서점에 가다

서점에 가다
루루루루… 루루루루…
서점에 가다
가을 낙엽 밟히는 길을 걷다가
서점으로 발길을 돌렸어
친구랑 밤새워 읽었던 책들이 있는 곳
가방보다 무거운 두꺼운 책
공책보다 얇은 가벼운 책
그리고 내 마음 사로잡은 예쁜 크레파스 그림책
루루루루… 루루루루…
어릴 적 얼굴에 책을 덮고 잠들었던 날
동화 같은 이야기들은 아직도 기억이 생생해
그리고 코에 닿았던 책 냄새는…
뭐랄까?…

비밀

쉿!…

비밀

그곳에 가면
나만 아는 장소가 있다네
내가 발견한 그곳
그곳에 가면
나만 보는 것들이 있다네
그것은 말할 수 없네
그곳에 가면
어느 날 없던 것들도 있다네
그것은 나도 모르는 저들만의 비밀…

빼빼로

빼빼로
밤이 부서지는 밤거리 네온사인
그 안에 나
빼곡히 그 안에 너
무수한 언어의 달콤한 속삭임
귀여운 악마 너 빼빼로
한 개만 먹을까 했는데 두 개
두 개만 먹을까 했는데 세 개
세 개 먹을까 했는데 에라 모르겠다 통째
이 귀여운 악마는 나의 옆구리에 딱 붙어 떨어지지 않네
그러나 혼자 먹을 순 없지
힘의 전사가 필요한 너에게 내 마음 전한다…
이거 먹고 힘내!!!

좋아해

나만 볼 수 있는 비밀의 정원에서
바싹 말라 형체를 알아볼 수 없는 아픈 꽃 하나…
다가서니 혼신의 힘을 다해 생기를 내뿜고 반긴다.

좋아해

밤새 날 찾아오는 이 하나 없지만
아침 햇살이 비추니깐 좋아
내가 피어날 계절은 아니지만
해와 달을 지나 구름과 바람을 타고
씨앗 퍼트려 다시 피어날 수 있으니까 좋아
가끔 날 찾아와 주겠니?…
다시 피어날 때 날 보고 반할 거지?
분명 그럴 거니까 좋아
지금보다 그때…
내 마음 활짝 열어둘게
나보다 널 더 좋아해…
나도… 너 좋아해

도시 속

노을이 살포시 내려앉는 저녁 시간
복잡한 도시 속에서 나는 서 있네 코로나19 팬데믹 현상에서
생계를 위해 고군분투한 시기에 문득 드는 생각들을 노래해.

도시 속

사람들 발걸음은 빨라져 가
모두 어디로 가는 걸까?
거침없이 달려 나에게 없는 고급 자가용
누구는 연인을 만나러 가겠지
누구는 연인과 한바탕 싸우고 쓸쓸히 질주를 하든가
누구는 가족의 품 아파트로
누구는 혼자 사는 쓸쓸한 고시원으로
누구는 근사한 레스토랑으로 예…
직업의 연장 너와 나 비즈니스는 멈추지 않고 있네
수많은 사연들 도시 속
거미줄의 지옥에서 구해줄 스파이더맨은 없어
당신의 행복 저 차들의 미소 차들의 질주

그것이 바로 너와 나의 스파이더맨이야

점점 어두워져 가는 시간 속

달도 바빠져 별들도 움직이네

이젠 옷이도 돼 나를 보고 웃는 비너스 아프로디테 파워 우먼

길게는 얘기 않겠어

사랑의 큐피드 오지 마 오지 마 오지 마

난 지금 사랑에 빠져선 안 돼

멀어져 멀어져 멀어져… 뉴노멀

지금 내게 사랑은 사치 거미줄 같은 이 도시 속

오늘 난 여기서 피할 수 없네

쿵쿵빡 쿵쿵빡…

이야기보따리

이야기보따리 1.
할머니!
옛날이야기 해주세요.
할머니께서 아이들에게 옛날이야기 보따리를 푼다.

쉿!!! 으스스…
셩…

....

옛날옛날 전기도 없는 깊은 산골에 농사를 짓고 사는 노부부가 살고 있었어요.
으스스…
(모두 귀를 쫑긋…)
그 부부는 소 한 마리와 염소 한 마리를 기르며 농사를 열심히 짓고 행복하게 살고 있었는데
그러던 어느 날,
집에 큰불이 나서 모두 타버리게 되었어요.

소도 염소도 모두 죽고 할머니도 죽음을 맞이했어요.

할아버지는 연기에 질식해 의식을 잃고 얼마 뒤 다시 겨우 깨어났지만 앞이 보이질 않고 귀도 들리지 않게 되었어요.

할아버지는 무척 슬펐어요.

잘 먹지도 못하고 슬퍼만 하다가 깊이 잠이 들었어요.

갑자기 할머니가 나타났어요.

영감… 등이 가렵지요? 제가 긁어드릴게요.

할아버지는 잠을 깨고 말았어요.

그러자 꿈이라는 걸 알게 되었어요.

할멈… 으흐흑… 흑… 흑… 할멈… 흑

할아버지는 슬피 울다가 그렇게 또 잠이 들었어요.

할아버지는 앞이 보이질 않고 잘 들리지도 않아

무척 힘든 나날을 보내고 있었답니다.

그러던 어느 날 지나가던 나그네가 할아버지께 버럭 화를 내는 것이었어요.

아니 영감님! 집이 불이 났는데 대나무를 안 심고 뭐 하십니까?

어서 대나무부터 심으십시오, 하고 대나무 한 그루를 던져주고 가버렸어요.

할아버지는 영문도 모른 채 나그네가 시킨 대로 대나무를 밭에 심었어요.

밤이 되자 할아버지는 깊은 잠에 빠졌어요.

근데 할머니가 또 나타나

영감… 등이 가렵지요?

긁어줄게요… 하는 것이었어요.

할아버지는 벌떡 일어나 허공에 손을 뻗어 할멈… 할멈… 할멈… 부르다가 꿈이었다는 것을 알게 되었지만

꿈이 꿈 같지 않고 너무 선명했다는 것을 알게 된 그때 문이 스르르 열리는 것이었어요.

그때…

바로 그때…

오늘은 여기까지만…

와아아앙… 시끌시끌…

제비꽃과 선생님

먼 비행을 마치고
제비가 돌아와
마른 풀 물고
개미집 위에 하트 뽕…
살포시 덮어서
봄비 마른 풀 포근히 안아
음…

긁적긁적…
에이 모르겠다.
선생님!
글은 어떻게 쓰는 거예요?

선생님, "상상력을 보태 가지고… 사실을 발굴하여 상상력을 보태 가지고…"

빗발친 항의

이야기보따리 연재에 항의가 왔다.
으악… 도대체 뭘 쓴 거야아?
이래 가지고 어디 살아남을 수 있겠어?
도대체 뭐… 뭐 어쩌자는 거야아?

그럼 불난 사건을 다른 사건으로 바꿔 쓸까요?
아님…
할머니를 귀신으로?
아님 아가씨 괴물로?

대나무는 또 뭐야?
효자손이 주제인 거야아?
두 사람의 사랑이 주제인 거야?
대나무가 주제인 거야아?

아이…
그건 나도 모르겠어요.
순수하잖아요!!!
그걸 잘하면 내가 여기 있… 겠…

뚝.
띠띠띠띠띠…

동해

(여러 뉴스 보고와 다큐 일부를 인용하였습니다)

선전포고도 없이 전쟁은 갑자기 들이닥친 전쟁이었다. 1950년 6월 25일 새벽 4시 남북을 가로막고 있던 삼팔선 모든 전선에서 동시다발적인 북한군의 전면 공격이 시작됐다. 그러나 동해안에서 전쟁의 30분 전에 전쟁의 어두움이 이미 드리웠지만 적군의 게릴라 부대가 아무 저항을 받지 않고 상륙할 수 있었던 건 해상에 단 한 척의 경비정도 없었던 탓이었다.

북한이 또… 단거리 탄도 미사일 도발을 동해 상으로 발사하였습니다. 북한이 또… 동해 상으로 핵 탄도 미사일을 시험 발사하였습니다. 북한이 또… 동해 상으로 북한이 또… 동해 상으로
북한은 단 몇 초 만에 남북 공동 연락 사무소를 비참하게 폭파하였습니다.
중국, 러시아 군용기 동해 방공 구역 침범 수십 차례…

동해

과거를 묵도하니 동해야 잘못 없다

백두산 긴 이별에 독도가 통곡하니
물 뭍으로 건너갈 수 없는 삼팔선에
백사장 갈매기마저 눈치만 보구나

황금 차트

권력 장기집권을 위해 전쟁으로 수많은 것들을 희생시키고
최초의 봄을 빼앗는 정치인들의 정치적 실수에 경고합니다.
이른 봄에 제일 먼저 피는 수선화의 평화를 깨지 말아 주세요.

황금 차트

진달래 봉긋 개나리 방긋할 때?
아니

노란 민들레 바위틈 고개 내밀 때?
아니

뒤뜰에 복사꽃 봄 마중 나올 때?
아니

유채꽃 내 키만큼 자라 바람 노래 부를 때?
아니 아니

거친 폭풍을 잠재우고
내 마음속 고요한 수선화가 필 때…

눈물

나 이제 당신을 볼 수 없어요.
그 어디에 증표 하나 없는…

....

눈물

나 이제 당신을 볼 수 없어요
그 어디에 증표 하나 없는
온통 그대 생각이 야속하게도
머릿속 테이프를 흩트려 놓은 탓인지
그토록 밤새 볼을 타고 흘러내린 탓인지
그걸 굳이 따지자면 입술이 떨어지지 않는걸요
나 이제 당신을 볼 수 없어요
당신의 마녀가 뿌린 고약한 웃음에서
골똘히 나를 바라보실까요?
이렇게 산산이 부서지는 나를…
철저히 벽장에 갇혀 고여진 나를…
신이 나의 기도를 외면한 것이 그런 것이 아니라면
내 눈은 당신을 볼 수 있겠지요?

내가 왜 우는지 아세요?
내가 왜 우는지 아세요?
그건 지금 내가 마시는 붉은 와인 때문만은 아니에요
그건 꼭 전해야 할 마지막으로 주고 싶은 것을 주지 못했기 때문이에요
마지막으로 그대에게 드리지 못한 그것은
내가 가진 보석 다이아몬드…
받지 않는다 하셔도 그건…

또르르르…

들꽃

그러니까 사과를 해라.
예부터 수시로 오랑캐 침략을 일삼고
일제 강점 전쟁 범죄로 무고한 생명을 앗아간 희생자들과 그 후손들에게…

한낱 가소로운 내 안위가 나의 입을 틀어막는다.

......

들꽃

겨울철 모질게 얼었던 동토(凍土)에서
긴긴 시간 무거운 돌을 머리 위에 이고
자유는 가혹(苛酷)하게 흔들리고 있었다
지난 그들의 잔인한 학정(虐政)에는
그 어떤 사과도 없었지만
수왕지절(水旺之節) 열사(烈士)들의 눈물은 뜨겁게 파도가 친다
거친 바위틈에서
자유를 깊이 뿌리 내릴 수 없었던 건
누구 탓도 아니었으리라

본 적 없던 봄을 만나기 위해

무지한 나의 아집(我執)은 청산(淸算)되지 않았고

가짜 봄을 심느라 들에 꽃이 피는 줄도 몰랐다

나의 위선이 작은 실바람에도 휘청인다

한낱 가소로운 내 안위(安危)가 입을 틀어막는다

그대들은 진정 들에 필 자격이 있는가?

진정 그대들은 자유와 평화를 말할 자격이 있는가?

하염없는 평야가 되묻듯 파도가 친다

흘러도 마르지 않는 눈물이 텅 빈 바위틈에 꼬꾸라지며

슬픔에 겨운 눈동자가 방아쇠를 당긴다

"탕!"…

무궁화

　백두산 천지에 꽃이 핀다면 비단 무궁화가 피었음 좋겠습니다.
　한민족 분단의 설움을 걷어내고 통일된 자유 민주주의 대한민국으로 무궁화가 피었으면 좋겠습니다.
　같은 언어를 쓰면서 우린 왜 이토록 갈등하는지
　피 흘려 자유 독립을 이룬 열사들을 볼 면목이 서질 않습니다.
　주여!
　우리가 자유 민주주의 국가로 하나 되게 하소서.
　통일된 하나의 국가로 동방의 별이 되게 하소서.
　그리하여 우리 후손들이 전 세계를 향해 찬란히 일어서게 하소서.

··

무궁화

꼬까신 새겨진 무궁화
꼬까신에 곱게 피었다가
때때옷 큰 눈망울 떨어져
때때옷에 금세 피었네
화관 족두리 머리에 얹고
연지 볼 초롱불 밝히면

삼천리 적단심계 꽃 본 나비

활옷에 활짝 피고 날건만

열 밤 자고 스무 밤 자고

오십 밤을 지나 백 일 밤을 손가락 세어도

한 조각 붉은 마음 구름마저 별을 감추네

임 소식 없네

무궁화여! 삼천리에 다시 피어라

새의 노래

그들이 부르는 것은
평화! 평화! 평화…

....

새의 노래

눈이 녹아서 비가 된다는 우수가
수선스럽지 않고 얌전히 찾아왔다
지난날 꽃밭에 뿌린 씨앗의 안부에는 눈만 흘길 뿐…
그리고 잠시…
봄을 가로막고 있는 건 자신을 시샘하는 꽃샘추위라 조심히 말한다
그리고 나지막이…
바다로 간 노인은 아직 돌아오지 않았지만
짙은 잿빛 마른 나무껍질 속에
짙은 녹색 제공권을 분명히 가져올 거라고 낮꽃을 피운다
바소꼴 물결 위 뱀피 톤 악의 피여!
수평선 너머에는 옳고 그름도 떠나고 친절함도 떠났네
월계수 씨앗 하나 봄을 부르는 새의 노래
새들은 하늘은 하늘에 떠 있을 때 노래해요

그들이 부르는 것은 평화! 평화! 평화

우린 어디로 가는가?

지난 날 꽃밭에 뿌린 씨앗의 안부에는
눈만 흘길 뿐‥

수묵화 붓끝에서

명성황후 그녀를 떠올리며…
깊은 산 어둠에 떨어진 꽃잎은 다시 피어날 줄 모르고…

수묵화 붓끝에서

달빛이 부서지는 밤에
별빛 범람하던 밤을 훔치던
묵매화 가지 휘 꺾어 흠 없는 난을 치도다
깊은 산 어둠에 떨어진 꽃잎은
피어날 줄 모르고
다시 돌아올 줄도 모르니 가엾어라
자색 먹 한 방울 국화주에 섞어 화선지에 뿌리면
대금 한 곡조 만 좌중을 울리고 가노라

천 개의 별

세월호 아이들을 생각하며 천 개의 종이별을 접는다.
벌써 10주기라니…
나는 무엇을 할 수 있을까?라는 생각에…

천 개의 별

천 개의 별
천 개의 별을 접어
임 오시는 길 비춰드리리다
반은 달 창가에 걸어두고
반은 동구 밖 오솔길에 뿌리리다
임이 오시지 않더라도
행여 그렇다 하실지라도
반은 십 리 길에 뿌리고
반은 이 마음에 뿌리리다
천 개의 별을 접어 깊은 바닷속에 환한 등대로
임 가시는 길 비춰드리리다
임을 잊지 않으리다
임을 잊지 않으리다

챗GPT 로봇 시인

인공지능 AI 로봇이 시를 쓴다구?
시는 누구나 쓸 수 있는 것…
챗GPT!
나랑 한판 붙자!!!

부정선거

권력 장기집권 은폐 전산 스킬 민주주의 파괴 도둑질

시인

서정의 난폭한 굉음을 듣고…
나는 한 발자국도 움직일 수가 없었다.
가을 색으로 흠뻑 물들이고 있던 그해 느티나무 아래
속절없이 낙엽 샤워를 하며 나는 아무 말도 할 수 없었다.
가을이면…
낙엽 떨어지는 소리에 눈물이 나고 알 수 없는 그리움이 돋고
낙엽 구르는 시간 속에 함께 있다 보면
애절하게 누구나…
시인이 되겠지요?

시인

아무 말도 하지 못했습니다
어떤 말도 하지 못했습니다
차마 입이 떨어지지 않았고
차마 숨소리조차 낼 수 없었습니다
순간 얼음이 되어
서정의 난폭한 굉음을 듣고…

그곳에서 멈춰 굳어버린 나는

그곳에서 한 걸음도 내디딜 수 없었던 나는

그곳에서 어떤 말도 할 수 없었던 나는 뭐라 할까?

아직 여물지 않은 사색들로

아직 아물지 않은 감정들로

나의 눈동자는 부서지고

속절없이 낙엽 샤워를 합니다.

에우테르페…

제게 땡! 좀 해주시겠어요?

팥죽

팥을 부수며 나는 울었다.
팥죽을 먹으며 나는 웃었다.
이게 뭐라고…

용버들

은물결 출렁이는

초닷새 월광월야(月光月夜)

머리칼 창포물에

담그던 칠의선녀(七衣仙女)

무지개 구름다리 타고

서둘러 올라갔네

용버들 나뭇가지에

버들피리 두고서

아카시아 온역

전쟁으로 인하여 폐허가 되어버린 어느 도시 간이역
아카시아 나무 한 그루가 꽃을 피운다
아카시아 꽃그늘 아래
모두가 나를 멸시하지만 이곳은 나의 집…
아카시아 꽃그늘 아래 지하철이 멈췄다
전쟁으로 인한 고물가로 돈이 휴지 조각이 되어버린 시대
먹을 것을 구하기조차 어렵다
이곳은 집 없는 사람들이 선행의 등급에 따라서 앉아서 노숙을 하는 곳이다
만약 누우면 아카시아 수액이 나와 개미떼 습격에 물려 죽는다
살아남을 방법은 하나!
버려진 유기견이나 유기묘를 돌보는 일을 충실히 하면 하룻밤 근사한
동물 보호 시설이 겸비된 투명호텔을 제공받을 수 있다
만약 동물을 학대하거나 죽이게 되면 눈을 절대 감을 수 없는
고통을 받으며 개미떼의 밥이 되어 죽는다
살아남을 방법은 둘!
국가의 일을 돕는 것이다
선행의 등급에 따라 동물을 끝까지 책임지지 않을 인간들에게
동물이 분양되는 것을 전면 차단할 수 있고 과금을 물릴 수 있으며

체벌을 할 수 있는 국가 행정 권리를 부여받을 수 있다
선행 등급을 올릴 수 있으며 국가 세금을 전면 감면받을 수 있다

마음

마음이 요동칠 때 마음이란 얼굴이 변할 때
강둑에 앉아 물의 소용돌이를 보았다.
물속에서 마음의 얼굴을 비추어 보았다.
변덕스러운 나의 마음이 마치 거기 있는 듯했다.

....

마음

흐르지 아니할까 깊어진 수심들이
수십 번 물어보네 누구의 얼굴인가
웃다가 울다가 울다가 웃다가
물녘에 떠돌다 하얀 거품 되어 휘도네

노숙자의 깊은 밤

샴페인 뚜껑 소리 요란한 너의 생일 파티에서 우리는 울고 웃었다.

노숙자의 깊은 밤
- 수내역

프랑스 스파클 와인 플레시넷 백마가
붉은 천을 두른 미녀와 플라멩코 춤을 춘다
다는 몰라도 다는 알 수 없어도
거대한 백화점 건축물에 빛나는 보랏빛 파도를 가로질러
콧등으로 오는 너의 향기
목을 휘감는 크리스탈 그랑 리제르바
조그만 상자에 감춰진 비밀
우리들의 이야기가 그 속에 있다네
우리의 파티는 바닷가에 핀 해당화처럼
파도엔 불이 났었지
달은 휘둥그랬지
닭의장풀 속을 밝게 비췄지
다는 몰라도 다는 알 수 없어도
번개를 가로질러 초 하나 케이크에 불을 질렀지
붉은 바다에 불꽃 같은 너의 향기
우리들의 이야기가 그 속에 있다네
밤새도록 함께 했던 그때가…
환상에서 그린 너의 그림자는 우리의 눈을 가리었지
결국 넌 투명 인간이 되고 만 거야!
바퀴벌레도 제 갈 길을 간다고 마지막 말을 하고서…

이번 역에서 내리실 역은 수내역
내리실 문은 왼쪽⋯ 왼쪽 지직직직⋯ 컷 다운

노숙자의 깊은 밤
- 서울역

이슬을 맞으며 자는 사람들 사이로 하룻밤을 묵을 객실을 주문한다.

확장된 서울 도시 밖
수도권 신도시 전역에 설치된
최신식 물자 흡입기에서 물건이 마지막으로 도달하는 곳은
아름다운 한강이 흐르고 있는 곳이었다.
압사의 영혼들이 폭주 놀이를 하러 상경하는 행렬이
복잡한 통로를 사수하기 위해 치열하게 경쟁하고 있는 밤
이들이 묵을 객실은 찾기 어려웠다…
이때 얇고 여린 여자가 쓰러진다.
그때 내 손을 잡아!!!
내 손을 잡아!!!
한 남자가 쓰러진 한 여자의 손을 잡아당겨 일으켜 세운다.
그녀의 한 손에는 마시다 남은 소주병을 들고 있고
남은 소주는 알코올 냄새를 진동시킨 후 바닥으로 쏟아지는 밤
달빛 밝은 가로등 아래 여자가 비명을 지르자
악…
남자는 그녀를 강렬히 끌어안고 입을 맞춘다.
여자는 순응하듯이 얌전해지더니
풋… 행복해한다.

그랬다.

그들은 이슬을 맞고 자는 낭만 연인이었다.

그들이 묵을 객실은 서울역이었다.

지지직… 깃 다운

존경

구절초에 핀 새하얀 꽃은 오래전 돌아가신 엄마를 불러주었다.

....

존경

바람같이 사라진 자식
언제 오나 목 빼어
한나절 기다리는 엄마
그 자식 밥은 먹었나?
따뜻한 밥상 차려서 먹이고 싶건만
마음에 없는지 오늘은 안 오나?
된장찌개 준비 위해 구절초 옆에 앉았네
이놈의 자식 오기만 해 봐라
된장찌개 구수하게 끓이는 엄마…

엄마
존경합니다
언제나 늘 보고 싶어요…

가을비가

길게 뻗은 고목 나뭇가지 사이에 걸터앉은 달은
올가을 밤 쓸쓸하고 고독했다.
덧없이 흐르는 세월을 붙잡고 싶었다.
울며 달아난 아득한 지난날들이 찬바람에 뒹구는 낙엽 되어
나를 기억하냐고…

가을비가

달빛이 낮게 춤추는 창백한 하늘아…
너른 한 밤하늘에 흰 언덕을 구르는 낙엽 되어
아득한 그리움이 쓸쓸히 웃으며 돌아오고
그대가 연주했던 사랑과 기쁨은 나를 기억하냐고 물어보네

처음 만난 그때처럼

처음 만난 그때처럼 될 수 없을까?
돌아서서 등을 보이는 네 맘
한겨울 계곡에 얼어버린 얼음 같아서
다가서도 만질 수 없어
나 또한 장미꽃 가시로 돋아나네
구름 사이로 쏟아지는 비는 이런 내 맘 알까?

불안형 애착형 여자의 연애

나…
너 연락이 안 돼서 걱정되는데 불안하기까지 해
네가 다른 이성에게 유혹되어 맘을 주고 환승 연애를 할까 봐서…
어쩜 나…
너의 어장 거물에 걸린 물고기가 되거나
아님 제3의 썸녀와 비교당하고
나 버림받을까 봐서 몹시 겁나고 두렵기까지 해
그런 게 아니라면
정말 그런 게 아니라고 설명 좀 잘해주면 좋겠는데…
그런 일은 절대 일어나지 않는다고 그럴 일은 절대 없을 거라고…
안전하다고 다독여 주면 좋겠는데
내가 네게 귀싸대기 때릴 일은 없을 거라고
날 진정시켜 주고 불안한 나를 꼭 안아주면 좋겠는데…

차단 풀어줘…

연상 연하 그들의 썸

안경 낀 고딩 같았던
그렇지만 마냥 사슴은 아니었는데
사자를 동반한 메이저 카드처럼 야수 같았다.
안경 너머로 애절한 눈빛 그 주파는
무언가를 찾고 있었다.
마치 사냥을 하듯이…
강력한 카페인이 격하게 당기는 어느 오후
어느 카페에서 노트북과 씨름하는
그녀의 어깨 위로 하얀 목선 속살이 야릇했다.
무척 바쁜 그녀의 손놀림은 깊은 호기심을 자극했고
가느다란 손가락의 하얀 피부는 만지고 싶기까지 하였다.
강력한 카페인이 또 격하게 당기는 어느 주말…
똑같은 카페에서 이들은 자석처럼 똑같은 자리에 앉아 있다.
그녀의 시선은 자신도 모르게 그를 살피기 시작하였다.
그의 아우라가 지배하는 공간은 왠지 모를 부끄러움의 공기 속이랄까?
그냥 그의 안경 속 너머를 전부 차지하고 싶어지는데 눈치를 챈 걸까?
그의 입꼬리가 나를 반겼다.
살짝 흐트러진 긴 생머리를 쓸어 넘기는 그녀가

약간의 땀에 젖은 셔츠의 윗단추를 매만질 때
여름도 아닌 그녀의 붉은 볼이
오늘 밤 생각날 것 같아
본 적 없는 그녀의 다리는 무척 예쁠 것만 같아
용기 내어 연락처를 얻으려 할 때
그녀의 실웃음 소리가 나를 반겼다.
안녕!
아… 네
안녕하세요.
혹시 몇 년생?
여자가 은근히 질문을 던진다.
저…
95년생이에요.
아…
그래?
내가 누나야!!
짧은 순간 운명처럼 설렘으로 서로를 반겼다.
그는 그녀에게 이렇게 말한다.

히이…
제겐 예쁜 여자로 보여요.
꽉 안아줄 거예요.

노란 꽃창포 연못가에서

노란 창포 꽃 피는 연못가에서
정숙하지 못한 내 마음이 거기에 있다
갈팡질팡 출렁이는 물결 같은 나의 얕은 속이 거기에 있다

노란 창포 꽃 피는 연못가에서
그대와의 기억은 눈물 되어 아프게 부서지고
지난날의 추억은 물너울 위에 그림자로 피어오른다

하나의 꽃잎은 우리 둘의 마음이 되고
두 개의 꽃잎은 한 몸 같은 날개가 되어
오래도록 영원히 서로의 곁을 떠나지 않는 나비가 될 거라고 믿었다

노란 꽃창포 연못가에서
연못에 새겨놓은 바램이 거기에 있다
잎이 서로 마주 감싸듯 꼭 안아주고 싶은 마음이 창포 속에 피어 있다

노란 꽃창포 연못가에서
그대 다시 돌아올 거라 믿는 영원한 믿음이
까치의 울음 따라 꽃 그네를 내린다

하데스의 탐스러운 석류

우리는 서로를 선택했다(힙합~)

서로가 가장 힘든 시기에 서로에게 의지가 되었고 힘이 되어 주었다 (힙합~)

4년 동안 천국과 지옥을 오가며 수많은 추억을 쌓으면서 말이다 (예예 이제부터 내가 신나게 날려줄게. 소리 질러 힙합~)

넌 언제나 나의 0번이자 1번이었지!

지금도 변함없이 넌 그래

넌 언제나 나의 0번부터 100번이야

그런데 넌 늘 나에게 그런데(그런데)

난 너에게 뭘까?(도대체 뭘까?)

우리의 수많은 약속 행복한 시간을 기억해

나에겐 지금 hot & spicy 필요해(네가 필요해)

좀 더 가까이 와줘 좀 더 가까이(가까이)

떠나가지 말아 줘 내 손을 잡아

네 자존심에 너의 부모님께 알리지 못한 우리 사이

우리 둘 서로의 친구들에게도 끝끝내 소개 못 했지

수많은 반대와 달갑지 않은 우리 관계

그 시선에 용기 없었던 우린 참 많이 힘에 겨웠고 두려웠어

당당히 손잡고 거리를 걸었던 적 단 한 번도 없었지

연인이면서 연인 되지 못했지

그래서 우린 참 많이 울었어

알아 그 심정 영원히 비밀이 될 거라는 걸 나는 감내해야 했지

1,460일 마지막 그해

넌 나에게 몇 푼의 돈으로 눈물 반지를 건넸지만 난 끼울 수 없었던 반지

펴보지 못한 날개 찢긴 슬픔에 빠진 천사

천 마리 학은 불 구덩이에 떨어져 날개가 타버려 신음하네

천사의 눈물이 차갑게 눈꽃으로 피네(어서 와 날 안아 줘)

너는 내 곁을 떠나 직장을 다니며 새로운 인생을 걷겠지

연약하기 그지없는 우리 사이 조금씩 등을 보이며 멀어져 가

너의 일방적 폭풍 이별 통보는 태풍에 휩쓸려 무릎을 꿇고 내게 빌었지

우리 사이 가로막는 제삼자 악마 유혹에 말야

그 뻔뻔한 눈으로 나 좀 봐달라고…

네 시선 그곳에 빼앗겨 넌 흔들려

그 파도에 허우적대

연약하기 그지없는 우리 사랑

너는 말없이 나에게 죽음의 탐스러운 석류만을 건네네

붉은 색깔과 수없이 많은 알알들이 나의 가슴을 도려내(가슴을 도려내)

지하 땅끝으로 떨어지게 해

이중적 위선의 탈을 쓴 배반의 검은 그림자

길 잃은 못난 유령 되어 넌 뒷걸음질 치고 도망갔지

넌 너를 위해 변명하겠지만 이젠 우리 끝났어

너에게 집착하지 않겠어!

모든 걸 회피한 넌 날 염탐하겠지만

돌고 돌아 또 넌 제자리 날 욕심 내겠지만(그건 너의 이기심)

돌고 돌아 넌 또 미련 갖겠지만 난 이제 그럴 수 없어(있을 때 잘하지 그랬어)

이 말만 돌려줄게

오… 페르세포네~ 나의 천사여! 나를 도와줘

어둠 속에 갇힌 우리 사랑 지상에 눈꽃을 피울래(어서 와 날 녹여 줘 hot& spicy~) 너의 영혼 깊숙이 피를 말릴래(네게 한 만큼 돌려줄래)

잔인하겠지만 반성하고 기다려

너의 날개 반쪽은 내가 자르겠어(죽음의 하데스가 널 기다릴 거야)

넌 돌고 돌아 제자리 우린 또다시 돌고 돌아 제자리

시선을 돌리지 마 서로를 놓지 못해(운명의 수레바퀴 더 러버스)

돌고 돌아 제자리 어서 돌아와 이 자리를 지켜

야구장 스크린

뜨거운 응원 열기 경기장 내 스크린 제삼자와 키스 타임

붉은 핏빛이 내리고 스크린에 '추억'이란 붉은 글씨가 흘러내리며

지난 연인의 추억의 키스 장면이 오버랩 방영된다

스크린 액정이 쫘악… 금이 가고 깨진다

키스 타임 제3의 여자는 남자의 싸대기를 날린다

죽음의 석류나무가 가지를 뻗어 나와 붉은 석류가 열리지만

페르세포네가 도끼를 들고 석류나무를 자르자 남성의 성기가 잘린다

지하에 갇힌 천 마리 학은 불구덩이를 탈출하여 한 마리 불사조가 되고
 승리의 왕관을 쓴다
 생일 케이크에 촛불이 다시 켜진다

 남자: 내가 잘못했어. 미안해
 여자: 이리로 와. 나도 잘못했어

벚꽃 먹고 웃고 울고

지난겨울…
우리가 삐걱거리며 1,000일 넘게 만나고도
100m 달리면 만날 수 있는 거리이지만
너의 일방적 이별 통보 후 나는 날 방어하느라 차가워지고
그런 나를 너는 또 붙잡고 매달리기를 하다가
간곡한 너의 애원에 너에게 돌아간 나는
뒷걸음질 치며 달아나는 너를 붙잡고 매달리기를 하다가
우린 결국 서로 재회하지 못하고
끙끙 앓기만 하다가 4개월을 흘려보냈다
그 답답한 시간 추억은 뜨겁게 기억을 불러왔지만
보고픔 꾹꾹 눌러 참기를 수천 번…
시간은 그렇게 흘러갔고 어느덧 4월 초 완연한 봄…
만물이 소생하는 봄 되어 벚꽃 피는 카페 거리 벤치에
우린 또다시 나란히 앉아 있다
벚꽃잎이 떨어지는 벚나무 아래서
꽃잎을 물고 얼굴을 마주 보고 있다

서로 피식 웃고 만다
이 어색함은 뭘까?
있잖아… 아직 네게 열린 마음 아냐…

마음을 열까 말까 고민돼

나… 아직… 불안해… 영영 끝이 날까 봐… 그래서 널 잃을까 봐…

아직 난 식지 않았어…

너에 대한 감정 말야… 아직 여전해…

너만 괜찮다면 우리 다시 잘 지내며 웃을 수 있지 않을까?

돌아와…

오소서
- 데이지 연가

오소서
날 보러 오소서
간밤에 물안개
야반도주 같이하자 하였어도
나는 여기 있나니
오소서
날 보러 오소서
성깔 사나운 이월이
먹장구름 타고 줄행랑을 치네
초봄에 우는 아이 울음 토닥이며
해 지도록 밭 일구어 나는 여기 있네
오소서
날 보러 오소서
형형색색 비단옷 밤새 만들었으니
보는 눈들이 뽑아 가기 전에 오소서

청춘

몸을 낮게 하는 마가목 붉은 열매를 보고서
마치 세월호의 아이들 눈을 보는듯하였다.
용서를 간청하나니 노여움을 푸소서.

청춘

그믐에 묻어버린 꽃다운 어린잎이
 구름에 옥모화용(玉貌花容) 초승달
이지러져
 흘리는 눈물들이 알알이 맺혔도다
 용서를 간청(懇請)하나니 노여움을
푸소서

씀바귀꽃

오래된 느티나무 아래 고개를 내민 씀바귀꽃이 내게 말을 건넸다…
하루에 얼마나 웃나요?…
나는 대답하지 못했다.
뭐가 그리 억울하고 우울한 게 많은지?

그래, 그래요…
많이 웃어요, 우리…

....

씀바귀꽃

길 떠난 미소는 그 후로 사라진 나의 미소는
길을 떠나 돌아올 줄 모릅니다
파란 하늘도 슬프게 근심 많은 표정은
고목 나무껍질에 메말라
뒤엉켜 있는 까칠한 이끼 같이 허우적거립니다
세상을 향해 용서하지 못하는 이유들이
삼킬 듯이 죽음의 파도 속에 나를 가둘지라도

산들바람 보드를 타고 연풍 한 그릇 담아
싱그러운 풀 향기 한 홉 섞어
노탄 꽃뿌리에 얹고, 너에게 주고파
잭이 받은 마법의 콩은 없지만,
길 잃은 그대 미소를 향하여 온기와 사랑 가득 담아
당신을 응원할 희망 시 밥을 짓습니다.
잘 견뎌내라고…
견디다 보면 좋은 날 올 거라고…

털별꽃아재비

그냥 보기만 해도 아련한 털별꽃아재비는 나의 손끝을 저리게 하였다.

하얀 꽃잎은 마치 하얀 저고리를 입은듯하였다.

털별꽃아재비는 일본에서 '히끼다메끼꾸'라 하며 버려야 할 쓰레기를 모아둔 곳에서 피는 식물로 취급하지만 따뜻한 남쪽에 피는 국화과 식물이라고 한다.

하얀 꽃잎을 보며 나라를 되찾기 위해 애쓰신 모든 분들께 말할 수 없을 찐한 고마움을 전한다.

──────────

털별꽃아재비

무엇을 기다리나 숨이불 연금(軟禁)하고
초롱불 횃불 되어 춘분(春分)을 찾았건만
먹먹한 천인절벽(千仞絶壁) 고통의 칠십여 년
눈물의 하얀 저고리 아리랑을 부르네

머물고

함께 걷던 발자국은…

머물고

그대 내게 머물다
나에게 태양이 되어버렸다
하늘거리는 잠자리 날개를 보듯
그대 해맑은 미소를 보았고
나뭇잎에 스치는 바람 소리 같이
그대 목소리는 나에게 속삭임이 되었다
함께 걷던 발자국은 산등선에 머물고
가로수 오솔길에 머물고
집 앞 느티나무 아래 머물고
내 마음속 깊은 몽환 속에 머물다 웃고 떠난다
그대 내게 조금 더 머물다 가세요
그대 내게 조금 더 머물다 가세요
커다란 태양이 비추면 그대 발자국을 따라
그대에게 머물고 싶어라
그대에게 머물고 싶어라

엄마

육 남매 중 큰아들밖에 모르셨던 우리 엄마
나는 안 보이셨는지
이름을 붙여주고
나를 부르는 일은 적었다
섭섭하게도

세 딸 중 유독 큰언니 이름만
줄기차게 부르셨던 우리 엄마
나는 언니의 가혹한 훈육에서 혼만 났고
엄마를 언니에게 늘 빼앗겼다
속상하게도

하지만
가정을 억세게 일구어 내신 엄마를 난
너무 많이 사랑하고 존경한다
존경이란 말이 부족할지도…

엄마
너무 보고 싶어요
하늘에서 잘 지내고 계신가요?

정말 보고 싶어요

비 내리는 오후 길모퉁이에 하얗게 핀
구절초를 보며 엄마가 생각났다

거울 속에 핀 유채꽃

정자교 붕괴 사고로 1명의 부상자와 1명의 사망자가 발생하였다.
고인이 된 그녀를 생각하며…

거울 속에 핀 유채꽃

보일 듯이 보이지 않는 당신은
물에 비친 거울 속에 그림자 되어
무엇을 말하려는 듯이 어른거립니다
당신은 오색단청 화풍보다 화사한
금은단청 고귀한 진채로
그 빛깔은 향기롭고 그윽합니다
당신은 당신을 기다리는 이들보다
당신이 더 먼저 달려가는 마음이 바빠
쏟아지는 비에 우산을 들었지만
물빛도 삼켜버린 어둑시근한 침묵 속에
하루하루를 열심히 살아가던 당신은
지금 여기에 있습니다
물빛 거울 속에 유채 꽃으로 피어 있습니다

축구

손을 쓰면 안 돼!
분노를 참지 못해 싸우면 퇴장이야!!!

....

축구

나뭇잎과 거인이 축구를 한다
나뭇잎의 작전은 거인을 따돌려
골을 넣는 거다

삼손 나뭇잎이 심판으로 나섰다
손을 쓰면 안 돼
분노를 참지 못해 싸우면 퇴장이야

거인이 자기 진영에서 공을 갖고
나뭇잎 수비와 공격의 압박을 뚫고
폭풍 질주를 한다

거인이 오른발로 골을 넣는다

와아… 슛 골인!!! 골인입니다
무리뉴 감독이 달려온다

불꽃

똑똑하고 예쁜 그녀는 사랑을 그렇게 거절당하였다.
그리고 남은 건 상처뿐이었다.
담요를 뒤집고 그녀는 고층 베란다에서…

고층 아파트 창가에 차가운 바람이
검은색 쉬폰 커튼이 날리고
멍 때리며 고층 베란다 발아래를 하염없이 내려다보던 그녀
눈물을 쏟고… 또… 스르륵… 똑…
모두 안녕!
안녕!
…
결국 그녀는 이불을 뒤집어쓴 채 고층 창밖으로 몸을 던졌다.

....

불꽃

너 없는 내일의 내가 의미가 있을까?
너 없는 지금도 끔찍한데…
날 벼랑 끝으로 내모는 건 너의 무관심보단 차갑게 변해버린 네 눈빛과

날 밀쳐내는 독한 표정 그거였어

우리가 함께 나눈 우리 둘의 시간들…

그 시간 너와 나 무엇을 한 걸까?

너에게 바라는 그런 건 생각해 본 적 없지만 우리 사이 진짜라고 믿었어

아침을 깨우는 다정한 전화도,

퇴근길 따뜻한 마중도

늘 함께 걸었던 골목 너의 거친 포옹도

불붙은 심지에 불꽃 같았던 뜨거운 키스도… 전부…

어느 날,

네 맘대로 나의 침대에 사랑을 속삭여 놓고 간 후 차갑게 변해버린 너

달라진 너의 태도에 난 무지 애태웠지만 그런 널 이해하려 했고

너의 모두를,

전부 사랑했어

사랑했어

선배

- 5분 단편영화

거실에서 책을 보며 뒹굴 뒹굴거리고 있는 선희
씻지 않고 추리닝 차림으로 책을 보는 둥 마는 둥… 늘어져 있다.
아니 책을 보는 것이 아니라 책에다 코를 박고
책 냄새만 맡으며 킁킁거리는데…
카톡… 메시지가 왔다.

(선배) 뭐 해?
너무 뜻밖의 메시지에 놀란 나머지
보던 책을 던지고 책 냄새 맡던 코를 닦으며
핸드폰을 요리조리 보다가 벌떡 일어나

(눈이 휘둥그레지게 핸드폰을 보는 선희)

나?
어…
선…

입이 떨어지지 않는 메시지 답장을 날렸다.

선배…

갑작스러운 뜬금없는 연락에 얼떨떨 말문이 막혀버린 것인지
떨리는 입술이 딱 붙어 떨어지지 않고 손가락이 움찔거려서
말을 계속 이어 답할 수가 없었다.

머뭇거리는 순간

(선배) 잠깐 나올래?

어? 어… 음… 어디로?…

(선배) 그때 그 집 앞 놀이터…

아… 거기… 으응…

얼떨결에 답변을 해버린 탓인지
두 손으로 핸드폰을 꽉 쥐고 입술을 깨물었다.
그리고 잠시 멍을 때리다가 다급히 정신을 차리고

어떡하지?
어떡하지?
내 머리…
아… 망했다…

얼굴에 다급해진 표정과 가슴 떨림은
화장대 거울 앞에서 고스란히 전달되어 비추었다.
급히 머릿결을 정리하고 손을 더듬어 립밤을 집어 들고
코에 바르는지 입술에 바르는지도 모르게 손을 떨며 립밤을 발랐다.
아무렇지 않은 것은 아니었지만 아무렇지 않은 척하고 나가기 위해
얇은 코트 하나를 걸쳤다.
놀이터 정원엔 가을이 물들고 있었다.

(놀이터 그네를 타고 있는 선배는 한 아름 꽃다발을 들고 머리를 긁적인다)

왔어?
나왔네?

어…
응…
선… 선배…

팝콘 같은 가을 밤빛이 너른히 빛나며 공원은 설렘으로 장식하고 있었다.

종이학 천 마리 1, 2

1

언니 종이학 천 마리 접어봤어요?
있지!
어떻게 되었어요?
으악… 그건 미친 짓이었어!!!

2

난 네게 진심
밤새워 꼬깃꼬깃 접는다

수국은 말하지 않았어

수국은 말하지 않았어
우리 둘 중 어느 하나가 맘이 변하여
우리가 하나가 될 수 없을 거라는 사실을

수국은 말하지 않았어
우리 둘 중 어느 하나가 진심을 차갑도록 외면하여
등을 보이며 세차게 발길을 돌릴 거라고

수국은 말하지 않았어
긴 침묵에 향기를 잃어버리고 메말라
멀어진 사이 돌이킬 수 없이 쓰라리고 아플 거라고

수국은 말하지 않았어
떠난 임 다시 돌아오면 하얀 면사포 위에
풋풋한 처녀의 꿈은 이루어질 거라고

수국은 긴 기다림에 살폿한 향기만 뿌린다
수국은 왜 말하지 않았을까?
하얀 면사포의 비밀을…

하지만,
그 비밀을 알게 되더라도 지금은 달라지는 것이 없어
말하지 않는 너를 보며 해 지는 노을이 슬프다
여기서 널… 기다릴 거야

백목련

떠나는 임 발목이라도 잡을까 하는 애타는 심정이
궁전 담벽을 넘어 비탈진 산 언덕 위로 하얗게 달려가고 있다
떠나지 못하게 앞을 가로막고 싶었다
가슴 깊숙이 가시로 찌르는 듯 에는 슬픔에
뜨거운 눈물이 비같이 쏟아져 내리고
입으로 터져 나오는 절규는 삼킬 수도 없었다

하얀 공기 속으로 터져 나온 절규

"가지 마"

그의 모습은 손가락 사이 사이로 바람처럼 빠져나가
그림자조차 찾아볼 수 없이 사라졌다

"가지 마… 가지 마 제발 가지 마…"
검은 연기 스르르…

어젯밤 가슴 저리는 애통함에 나는 나를 죽였다
내가 태어난 이유를 찾지 못했고 나를 태어나게 한 신을 원망했다
홀연히 떠나버린 임의 발자국을 보며 그를 경멸했다

그가 이 세상을 떠나버린 사실이 믿어지지 않았다
싸늘히 죽은 당신 곁에서 내가 할 수 있는 것은 아무것도 없었다
꽃이 피는 봄이 찾아왔는데도 내가 살아야 할 이유를 여전히 찾지 못한 채
그의 무덤에서 잠이 들었다

당신을 떠나지 않을 거예요
당신이 여기 있으니…
여기서 당신과 나를 위한 꽃을 피울 거예요
백목련 향기로 피워낸 사랑…

백목련…

핵개인의 시대

혼자가 좋아 혼자 있다기보단
누구에게 피해 주기 싫어 그냥 삶 자체가 버거워 어쩔 수 없이
열 평 작은 공간에 던져진 나
그래도 날고자 하는 꿈은 꾼다

편의점 삼각 김밥 끼니로
조용한 나의 식사를 즐긴다
스마트폰에 각종 페이지에 시선 집중하며 가진 건 없지만
그래도 날고자 하는 꿈은 꾼다
헤어진 구남친의 뜬금없는 안부 메시지는
감동 사라진 지 오래지만 언젠가 나와 꼭 맞는 멋진 짝을 만날 때까지
그래도 날고자 하는 꿈은 꾼다
연봉 4,000도 안 돼 결혼하기 두렵지만,
넓은 세상 여행하며 소소한 삶을 공유하고 살고 싶어!
공감받지 못한다 해도
그래도 날고자 하는 꿈을 꾼다
행복을 포기할 순 없어!!!
늘 해왔던 것처럼 앞으로 나아가야 해!!!
값비싼 수입차 좌석 티켓은 살 수 있을 거야!!!

분명 그럴 거야…

오늘도 여전히 편의점에서 로또를 구입한다

단짝

너와 나 사이 쉼표

너와 나 사이 느낌표

너와 나 사이 배려의 물음표

너와 나 사이 마침표 없는 여운의 점점점…

너와 나 사이 띄어 쓰지 않는 당김표

우린 그렇게 붙어 다녀

내 손을 꽉 잡아

그리스 로마 신화를 읽고서

인간들의 욕망은 올림포스 신전 신탁을 요청하여

다시 인간들 욕망 속에 탐욕으로 스며들고

그 탐욕은 다시 신들의 욕망에 스며들어

그 속에 서로 연합한 피의 전투와 전쟁은

배신의 장막을 치지만, 전투의 승전은 결국…

질투와 저주가 범접할 수 없는 용서와 사랑의 꽃으로 다시 핀다

신들의 뜻의 결론은

서로 용서하고 사랑하라…

그러나, 한 가지 기억할 사실은

모든 신들 위에 최고의 신은 우주 만물을 창조하신

여호와 하나님이시니라

짝사랑

우린 재회하지 못하고 혼자 하는 사랑이 되고 말았다.

짝사랑

나의 속마음은 알겠는데
너의 속마음 궁금해
내 맘이 왜 이러는지?
캄캄한 이불 속 혼자 몰래 엿듣는 타로 속 신탁
넌 나의 운명의 수레바퀴 에이스 오브 펜타클
이루어질 수 없는 사랑 더 러버스
슬픈 눈동자 커져버린 별 나의 스타
너의 환한 미소를 기억해
아침 햇살 닮은 네 모습이 호숫가에 너른하다
시험 답안지 외우듯 이 말만 되풀이하네

나 너를 좋아해
너에게 다가가도 되니?

에로스의 황금 화살이여

나의 슬픔을 지워줘…

생쥐야!

요정을 불러 호박 마차를 준비해 줘…

기적이 일어날 시간이야~

너에게 장미꽃을 주고파

처음엔 그랬어
너와 나…
사심 없는 첫 대면은 정말 머쓱했지
나의 세계로 첫 방문은 솔직히 환영할 수 없었어
널 보기 훨씬 이전 진행 중인 상처가
이미 꽉 박혀 자릴 잡고 있었기에, 그랬기에
그 상처를 움켜 안고 휘청이며
그 상처에 경멸하고 애써 홀로서는 중이었거든
나의 세계로 두 번째 너의 방문 또한 난 눈물바다 항해를 하며
큰 바위에 난파되어 네 미소를 볼 수조차 없었고 외면했어
깨진 유리잔을 주워 담고 있는 나에게 말없이 다가온 그날
나 너를 보며 네 어깨에 나의 머리를 떨구며
나도 모르게 하염없이 폭풍 같은 슬픔을 쏟고 말았어
말없이 나를 감싸 안으며 말없이 나를 토닥이던 너와 그렇게 한참을 있었지
한참을…
그런 후, 집으로 돌아가며 길모퉁이 가로등 아래서
나를 향해 두 팔로 크게 하트를 만들어 주었지
잠시나마 너로 인해 위안을 얻게 되었는데
그 모습이 아직도 눈에 선해…

정말 아름답고 순수한 감동이었거든
그런 너에게 주고 싶었던 건
내 마음속 깊은 마음에 핀 꽃 한 송이 주고 싶었어
가시넝쿨 속 볼그레한…

회개의 기도

주님!
지금 이 시간 나의 죄를 회개합니다
알고 지은 죄
짓고도 모른 체한 죄
짓고 싶어 지은 죄
짓고 까먹은 죄
짓고도 또 지은 죄 모두 용서하여 주시옵소서
어머니의 배 속에서 어머니의 기도로 주님의 백성으로 태어났으나
나는 우매하여 의인의 길을 걷지 아니하고
주님보다 다른 신들을 숭배하고 의지하며
악인의 길을 더욱더 사랑하였나이다
낮과 밤 모두 주님이 건설하신 것을 알고도 모른 척하며
낮에 오만과 밤의 교만을 부렸고
그것들을 자랑하며 내 혀가 난폭하였음을 고백합니다
언제나 나의 모든 슬픔을 아시고 보듬어 주시는 하나님
제가 하나님을 사랑합니다
주님을 사랑합니다
주님!
저의 연약한 영혼과 육신이 주님 말씀대로 살진 못하였지만
언제나 말씀을 묵상하며 나의 왕이신 여호와를 예배합니다

하나님 만드신 세상이 어찌 그리 아름다운지요
이 아름다운 세상을 매일 볼 수 있어 감사드리며
나의 영혼이 주님을 찬양합니다
할렐루야!
이 땅에 죄인들을 위하여 십자가에 못 박혀
사랑으로 우리 죄를 해방시켜 주신
독생자 예수 그리스도 이름으로 기도드렸습니다

아멘

미련

나 여기 대만이야 대만 여행 왔어. 지진이 나서 비행기 값이 너무 싸길래…

근데… 근데 말야…

나… 너무 공허해…

무릎 꿇고 제발 자신을 봐달라고 빌고 내 곁을 떠나간 이에게서 전화가 왔다

그럼 다시 돌아오든가!

나는 그를 품지 못하고 괜한 자존심을 부렸다

미련이 감돌다 전화기만 만지작거렸다

자유 수영

음파 음파 힘 빼고 잠수하기
음파 음파
힘 빼고 발차기
음파 음파 힘 빼고 팔 젓기 힘 빼고
음파 음파 힘 빼고 잠수 후 힘차게 회전
하 푸 하 푸… 코 맵고 물 만 잔뜩 먹게 돼…

회전은 어림도 없어!
가슴 눌러 웨이브는 더 안 되는 내 맘대로 자유 수영

용서

널 많이 원망했었어
내게 왜 그랬는지 따져 묻고 싶었어
나는 밤새 울고 울어 아물지 않는 상처로
그렇게 몇 달을 지냈는지 몰라
그렇게 울고 울었던 밤
너를 지우고 또 지우고 지우던 밤
지독했던 어둠 속 터널에서
나는 누구에게도 털어놓지 못해 죽을 만큼 괴로웠어
시간은 흘러 그랬던 시간은 과거가 되었고
이제는 널 보기 껄끄럽게 됐지만
건조하게 말라 갈가리 찢긴 심장은
널 보며 웃을 수 있는 꽃을 피웠어

내가 안아줄게

당근이 화났다

건강 잃으면 다 잃는다는 생각에
건강을 몹시 걱정하던 날,
내게 결핍되고 필요한 영양소를 생각했다
비타민이 필요해!!!
당근이 좋다는 어느 의사의 말이 두 귀에 꽂혔다
부랴부랴 마켓에서 주문한 당근은 귀찮아
며칠째 조리하지 않고 싱크대 한편에 방치하였다
얼마 후…
포장 비닐 구멍을 뚫고 쑥… 쑥…
싹이 터올라 화가 난 말투로 나에게 말을 건넨다
제발…
나를 잡아먹지 마…
물도 뿌려주고 햇볕을 쬐도록 해주겠니?
당근은 잔뜩 얼굴을 붉히고 뛰쳐나올 기세로
녹색 깃발까지 흔들며 시위를 한다

나를 베란다로…

왕관은 무거워

머리 위 왕관은
다크서클투성이인 나에게 위로를 건넨다
얼굴에 그늘이 있어요
얼굴이 어두워 보여요
무슨 이유인지는 모르겠지만
얼굴에 그늘이 져 있어요.
인생 그렇게 살지 않아도 돼요
그렇게 어둡게 살지 마요
힘내요
웃어봐요

왕관은 또다시

내가 무거우면 내려놔도 좋아요

나는 나의 머리 위를 무겁게 누르는 왕관에게
내 맘을 들키지 않으려 애썼지만
왕관이 무거운 것은 참을성을 지키는 것보다 참기 어려웠다
삶의 무게를 견디는 것은 안쓰러움이 아닐 수 없다고 해야 할까
그랬던 탓일까?

나도 모르게
또르르르…
눈물이 흐르고 말았다

홈 카페

혼자 있는 장미꽃에게 어린 왕자는 돌아오겠지!
작은 테이블 위로 촛불을 켠다.

....

홈 카페

거창하진 않지만,
커피포트에 담긴 뜨거운 물 한 잔
내가 좋아하는 과테말라 원두 향기
화조 찻잔에 내려질 때

협소한 테이블이지만,
톡 쏘는 와인 향기 콧등 위로 파도 일렁
밤 별 가득 담은 와인 잔 글라스 볼품없는 이 장소를 비출 때

폼 나는 치즈 북어 마요네즈 간장은 없지만
낡은 스피커 밖으로 송출되는 리듬은 신이 주신 경건한 밤의 모독일까?
애처롭게 고막을 적실 때

괜찮아… 다 괜찮아… 괜찮아질 거야…

비트코인

보유자산 수익률 +130%

깜빡깜빡…

간다 간다 간다…

1,000% 가즈아아아…

빨간 막대 그래프 상승 움직임에 터지는 심장…

오…

으… 아… 악…

안 돼 안 돼…

순식간에 푸른 막대 그래프는

하염없이 지하 속으로

안전 바 없는 롤러코스터

훅… 꺼져버린 욕망

눈치만 보다 대응하지 못한 함수…

마치 도깨비 장난 같아

보유자산 수익률 -95%

깜빡깜빡…

누가 그랬어?

다 보고 있는 거 아냐???

앵두

유월의 햇살 반짝이는 아침
만발한 꽃들이 물러난 자리에
빨갛게 앵두가 빨갛게

감꽃 비장하게 낙하 행진
뚝뚝
낙하

커피콩 바쁘게 볶는
카페 옆 화단에서
수줍게 앵두가 수줍게

소심함을 뚫고
바깥세상 용기 있게
다홍빛 앵두가 대롱대롱

맛이 들었을까?
머지않아 모습을 감추겠지?
눈으로 먹고 말았다

회피형 남자의 연애

동굴 속으로!!!

마법의 성

놀이터 나뭇가지에 매달린
철판 외벽 작은 집을 발견했다
분명 이것은 마법의 성일 거야!
누구도 접근할 수 없는 가지에 매달려 있으니 말야…
이곳에 누가 사는지 알 순 없지만
아마 예쁜 드레스를 입고 긴 머리에 왕관을 쓴
어여쁜 공주가 살고 있을 거야
쉿!
새들의 노랫소리 들어보면 말야
공주는 분명 말할 수 없는 마법에 걸려 있을 거야
창 안이 전혀 보이질 않거든
이곳에 누가 사는지 본 적은 없지만
오늘 이 마을에 멋진 왕자가 나타나
용감히 저 밧줄을 타고
무시무시한 거미와 한판 승부를 겨룬 뒤 공주를 구하게 될 거야
완전 용감히 짱 멋지게…

스무 살의 탱고

태어나 처음 신어보는 하이힐은 아찔하고 낯설기만 했다

무서워요…
겁이 나…
두려워요
여기서 한 발짝도 못 갈 것 같아요

괜찮아
용기를 내
아무것도 아닌걸… 할 수 있어. 용기를 내!!!

아니에요
전 아직 너무 부족해요. 스무 살이거든요
아직… 아직은…

겁먹지 마… 높은 곳에 올라서야 해
…

내 안의 누군가의 속삭임에 결국 울음을 터뜨리고 말았다

이런 절 떠밀지 말아줘요… 제발…

잠시 후…

울음을 그치고 화장을 고쳤다
하이힐은 그녀를 춤추게 하였다

눈빛

비 온 뒤 선명하게 모습을 드러낸 쑥부쟁이 꽃에 다가갔다.
수분 가득 머금은 쑥부쟁이 꽃은 출근길 내 발길을 잡고
나를 간절히 바라보았다.

우린 서로 눈으로 인사하며 눈빛으로 말을 했다.

눈빛

나 어제 보았니?
아니!
그저께는?
그저께도!

그럼 지난주에는?
그땐 내가 너무 바빴어!

쑥부쟁이 눈빛이 싸늘해졌다

근데 지금 널 보았어!

쑥부쟁이의 눈빛이 달라졌다

눈빛이 반짝거렸다

봄비

비가 내린다.
봄비가…
그 녀석의 풀꽃 반지 맹세가 떠오르는 이 밤…

봄비

비가 내린다
봄비가

나의 눈에도 내린다
추억이

이 가슴에 추억 한 컷
봄비 되어 내린다

그 녀석의 풀꽃 반지 맹세가
떠오르는 이 밤 떠오르는 이 밤…

닭똥 같은 눈물에 우산은 없지만
우린 여기 봄비 되어 있네

담쟁이

국가 총동원령에 시선이 갔다.
장기 집권을 위해 그런 권력 이익을 위해 전쟁을 벌이는
세계 지도자들에게 경종을 울리는 바이다.
누굴 위한 전쟁인가?
무엇을 위해 수천만 명 무고한 생명을 죽음으로 몰아넣는단 말인가?

비상 사이렌 소리와 미사일 굉음이 한꺼번에 울려 퍼지는 도시에는
주인을 잃고 길을 헤매는 애완동물과 피투성이로 얼룩져
죽어가는 애완동물 속출…
무차별 살상 진공 폭탄이 떨어지는 잿빛 공기에 숨 막혀…
그 집에는 어쩜…
모두가 영영 이별이 될지도 모를…

담쟁이

그날 오후
무엇을 먹을까
무엇을 입을까

가족들과 하루 일과 마무리가 되지 않은 채…

아내와 함께 고른 가구 식탁 위에서

어린 딸 아이와 볼을 부비며

작별의 입맞춤을 해야만 했다

어쩌면

영원히 이별의 입맞춤이 될 줄도 모르는 불길한 포옹을 하며

그의 등 뒤를 감싸 안고 울고 있는 손을 가슴으로 끌어

두 손 꼭 잡은 아내와 그간 툴툴거린 애정이 영그는 눈물은

그의 마음을 더욱더 짓눌렀다

그 집에는 어쩜…

가족 모두 영영 이별이 될지도 모를

검은 공포가 희뿌연 연기로 피어올랐다

탐욕 심장을 노골적으로 꺼내어

벽을 내려치는 화약 엄습을 저항하기 위하여

국가 총동원령이 떨어졌기 때문에…

18세부터 60세 남성 출국 금지와 징집은

국가 대 전쟁을 예고했다

벌써부터 창틈 사이로 나월이 출렁이고 있다

갈 곳 없어진 고 대리

옆 게임 사무실 7살 갈색 여자 고양이.

이름은 고양이 고 자에 직급이 대리, 고 대리이다.

게임회사는 이곳으로 이전 후 4년 운영하였고 어떤 사유로 회사가 문 닫게 되었는데 회사 폐업으로 고 대리는 갈 곳을 잃었고 대표 또는 직원들 중 그 누구도 고양이를 데려가지 않았다.

나에게 위탁을 부탁했지만 나는 동물을 지극히 싫어하는 주의였고 여러 번 거절하였다.

한편으로는 그녀가 참 안타까웠다.

복도에서 4년을 마주치며 간간이 본 고양이였다.

회사가 짐을 빼면서 다급해졌는지 또 나에게 의뢰를 하길래 나는 화를 내며 강력히 거부하였지만, 상황이 꼭 내가 임시라도 맡아야 하는 상황 같아 보였다.

정말 나는 싫었지만 다시 물었다.

내가 맡지 않으면 이 아이는 어떻게 되나요?

게임회사 최고 직급 직원 말하길

"밖에 풀어요"라는 거였다.

사무실 안에서만 7년을 넘게 산 아이를 밖에 푼다고요?

버린다고요?

헐…

그럼 저희 가게 좀 두세요. 좋은 주인을 찾아줘야죠.

게임회사는 반기며 혹시 못 데리고 있겠으면 다시 데리고 가겠고

그녀의 생로병사를 책임지겠다는 각서와 함께 임시 보호를 합의하였다.

그리고 그녀가 쓰는 비용은 두고 가세요.

따끔히 일침을 가하고서 나는 고양이 임시 보호를 하였다.

나는 도덕적 우월성을 갖고 싶지도 않고

동물에게서 개인의 즐거움을 찾고 싶지도 않고

나의 소중한 시간들을 동물을 돌보며 시간을 허비하고 싶지 않다.

내가 동물을 싫어하고 길러본 적 없지만, 임시 보호를 하면서 한 줄의 단어가 강력히 내 머릿속을 지배했다.

동물은 인간의 광대가 아냐!!!

두 달이 지난 아직도 그녀는 여전히 갈 곳이 없다.

성묘라 누구도 데려가는 사람도 없고 받아주는 곳도 없다.

결국 밖에 버려지거나 안락사를 선택하는 것이 유일한 방법인 듯하였다.

안에서만 살던 애가 밖에서 잘 적응하고 살까?

나는 그녀를 2개월 정도 임시 보호를 하다가 나 역시 계속 데리고 있을 환경이 되지 못하였다. 좋은 주인을 찾아주는 노력이 무색하게 되었고 아무도 그녀를 환영하지 않았다.

민간이 운영하는 유료 동물 보호소에 위탁을 하려고 게임회사 측과 의견을 나눈 뒤 회사 직원이 그녀를 데리고 동물 보호소에 갔지

만, 실제로 가서 고 대리를 보이니 돈을 700만 원을 더 내라는 것이었다.

처음 입소 금액과 얘기가 전혀 완전히 달라 게임회사 측은 그녀를 집 앞에 풀어야 할 것 같다고 전하였다.

나는 그녀를 다시 데려오기 위해 우리 건물주에게 전화를 걸어 동의를 받으려고 하였으나 건물주 또한 거절하였다. 그것은 앞으로 내가 힘들 것을 걱정하여 거절하였기에 이해는 하였다. 그리고 그것은 입장을 바꿔 생각해 보면 당연한 일이었다.

하지만, 나는 그녀를 밖에 푸는 것이 몹시 속상했다.

나는 참 속상했다.

우리 가게에서 떠날 때 잘 가라고, 잘 가서 좋은 주인 꼭 만나라고 흰쌀밥에 고기 미역국과 보리굴비 구워 케이크에 초를 꽂고 생일파티를 열어주었다.

왜냐하면 다른 집 애완은 생파도 하던데 고 대리는 단 한 번도 생일 파티를 열어준 적이 없다고 하여 그것이 나는 몹시 맘에 걸렸다.

동물 보호소 입소 비용도 넉넉히 보태줬는데 거절당하였다고 하니 속상했다.

나 또한 고양이 주인이 아니라서 뭐라 말할 수 없었다.

그러나 그녀가 너무 애처로웠다.

게임회사 측의 직원이 고 대리 일을 위임할 때에는 그녀의 생로병사를 끝까지 책임지겠다는 각서를 주었지만 내 손을 떠난 고양이였다.

그러나 나는 그녀가 밖에서 잘 적응하는지 관찰하기 시작했다.

그녀가 있는 곳은 용인시 구성 인근 아파트 입구였는데 첫날은 아침에 가서 보고 저녁은 캠핑 돗자리를 깔고 그녀와 함께 노숙을 하였다.

이틀째 이른 아침 구내염이 걸려 침을 줄줄 흘리는 몹시 아픈 고양이가 고 대리의 밥을 먹으러 온 것이다. 고 대리는 하악질을 하고 몹시 경계하였지만 구내염 고양이는 배가 너무 고픈 나머지 무작정 머리를 들이밀고 와서는 그녀의 밥을 허겁지겁 먹어버렸다.

고 대리는 자리 또한 밀려났다.

나는 이 광경을 목격하고 마음이 좋지 않았다.

게임회사 직원은 자신의 집 앞에 풀었지만 회사를 다니기에 그녀의 식사를 깔끔히 챙기지 않았다.

이튿날 저녁에 가서 체크하고 삼 일째 아침에 가서 체크하였다.

고 대리의 사료는 비에 젖어 두부처럼 으깨졌고 개미가 득실하게 들끓고 있었으며, 물은 죽은 파리가 둥둥 떠서 빗물과 섞여 구정물로 변해 있었다.

나는 금 그릇에 바삭한 사료와 하루 정수된 물 4회를 갈아줬는데 이걸 누가 먹으라는 건가?

나는 화가 났다.

도대체 이걸 누가 먹으라는 건가?

이마저도 다른 길고양이들에게는 만찬이었는지 호시탐탐 그녀의 밥을 노렸다.

나는 너무 화가 나 밥을 엎어버렸다.

그리고 그녀에겐 편의점 참치를 사서 주었더니 그녀는 허겁지겁 먹었다.

사방이 뚫려 있기에 불안에 떨며 잠도 제대로 자지 못해 눈은 누렇게 떠 있었고 그 예쁜 표정은 몹시 불안하고 초조해 보였다.

삼 일째 저녁에 가서 또 그녀와 함께 노숙을 하며 그녀가 가는 곳을 따라가 보면서 동선을 살폈다.

환경에 적응하여 살기 위해 이곳저곳을 탐색하는 것이었는데 특히 건물 안을 들어가기 위해 살피는 것이었다.

그 모습이 어찌나 짠한지… 이건 죽으라는 것과 뭐가 다르지?

안에서만 살던 저 생명체가 무슨 죄가 있을까? 싶었다.

나흘째 아침 집으로 와 대충 씻고 비 소식에 또 걱정되어 그녀에게 가 보았지만 밥 자리 앞은 요란한 소리로 보도블록 대공사를 시작하였다.

그리고 그녀는 사라진 상태였다.

게임회사 직원에게 고 대리를 집으로 데리고 갔는지 물었다.

아니라고 하며 나에게 데려갔느냐고 되물었다.

이런…

화가 났다.

그의 대답에 더 화가 났다.

이제 못 찾는다는 말을 했다.

또 화가 났다.

나는 찾아야죠. 무슨 소리예요? 하고 받아쳤다.

그러나 그녀를 찾기에는 너무 방대하였다.

아… 그녀를 어디서 찾나?

막막하였지만 한 시간 동안 온 동네를 샅샅이 뒤져 결국 찾아냈다.

나는 안도의 한숨을 쉬고 그 자리에 눈물이 하염없이 쏟아져 그냥 울어버렸다.

고 대리야 미안해.

우리 인간들이 정말 미안해.

집에 가자… 우리 집에 가자 하며 울었다.

오늘 이 아이를 데려가지 않으면 영영 못 찾을 것만 같았다.

용인 시청 동물 보호팀의 도움을 받아 포획을 하고 나는 그녀를 나의 집으로 데려왔다.

고 대리의 거칠고 난폭한 폴짝임에도 불구하고 힘들게 포획해 주신 아저씨들께 깊은 감사를 드린다.

여기까지 여정은 너무 힘들었고 힘들었다.

일부 사람들은 그냥 고양인데 뭘 그렇게 사람같이 대우하냐?라고 한다.

그러나, 막상 데리고 있다 보면 그런 생각을 고쳐먹게 될 것이다.

그 또한 생명이고 듣고 느끼고 눈치로 다 안다는 것을 알게 되며 동물을 함부로 대해서는 안 된다는 것을 깨달을 것이다.

민간 동물보호소 위탁은 거액의 돈만 요구하며 실제로 현장을 가 보면 광고 내용과 전혀 달리 돈만 챙기고 동물들은 좁은 창고 시설에 한꺼번에 왕창 넣어 아파도 병원엘 데려가지 않고 불청결하게 방치만 한다는 것을 알게 되었다. 이 사실을 정부와 지자체는 알까? 이들이 돈만 챙기고 무더기로 생매장을 한다면 알 길도 없다. 파양한 집사들이 전혀 찾아오지 않는 심리를 교묘히 이용하는 생명을 상대로 장사를 하는 것인데 동물보호소는 시설을 까다롭게 하여 아무나 허가를 내어주면 안 된다고 생각한다.

　동물 한 마리당 각 한 평씩 공간이 주어져야 하고 환기창이 있어야 하며 에어컨과 공기청정기가 각 부스에 설치되어야 하고 고양이와 강아지는 층을 분리하여 관리하여야 한다. 깨끗한 물과 신선한 사료가 급식 될 급식소가 있어야 하며 (청결하고) 쾌적한 환경을 위한 목욕탕과 환경미화부와 동물건강을 위해 수의사가 상주하여야 한다. 24시간 잔잔한 음악을 틀어줘야 하며 운동을 시켜야 한다. 이런 사항들이 충족되어야만 동물보호소란 간판을 걸고 그렇지 않으면 허가하지 말아야 한다고 생각한다. 기르다가 기르지 못할 경우 동물을 유기하지 않도록 정책을 좀 더 세밀히 살폈으면 좋겠고 동물보호법이 강력했음 좋겠다.

　끝까지 책임지지 않을 거라면 처음부터 시작을 하지 말아야 한다고 말하고 싶다.

　나는 이번 일로 임시 보호도 마찬가지로 책임이 무거우며 신중해야 한다는 것을 알게 되었다.

　그녀에게 정말 사랑을 듬뿍 줄 수 있는 주인이 나타나기를 바라며 기도드린다.

　고 대리!
　기운 내…
　너를 끝까지 돌보지 못한 나와 인간들을 용서해 줘…
　미안해…

샐러드

그 뱃살 어쩔 거야아아?
뱃살 구겨 넣어!!!
아님 나만 먹든지

그리움

그리움이 뭐냐고 물으신다면…

그리움

그대 내게 그리움이 뭐냐고 물으신다면
나는 두 눈을 감고 말하리라
그것은 보이지 않는 것이라고
보이지 않아 말할 수 없는 것이라고
그대 내게 왜 말 못 하나 물으신다면
나는 뒤로 한 걸음 물러서리라
그리움이 지금 내 앞에 와 조용히 있으니
나도 말하지 않고 조용히 있으리라
어젯밤 함께 울어주던 눈물이
늦가을 갈바람에 떨어지지 않는 잎새에 고여
그대 이름 조용히 불러
나와 함께 만나본다 말하리라
기약도 없이…

가을밤 약속

친구와 다정히 공원 산책을 하며
가로등 불빛 아래 소근소근 담소를 나눈다.
친구와 단둘의 담소는 언제나 즐겁다.
친구와 나는 옛 선비들처럼 서로 시를 읊어본다.

가을밤 약속

나무야
추워 보여
내가 풀로 붙여줄게
음…
참…
오늘은 불금 시간이 있어
낼 붙여줄게
내일 나를 기다려 줘
나뭇잎과 함께 웃는 가을밤 약속

우린 또 배꼽을 잡는다

괜찮다면

한여름 매미 울음소리는 동네를 떠나갈 듯이 울어댔다.
맴맴맴매엠맴 쇼오오시…
그 옆 화단에서 뚱딴지 꽃은 풀벌레 음악회를 열기 위해 분주하다.
괜찮다면 나에게도 초대장을 준다면…

괜찮다면

바람아
괜찮다면 내게 있어줄래?
구름아
괜찮다면 내게 다가올래?
꿀벌아
괜찮다면 오늘 음악 파티에 와줄래?
나비야
괜찮다면 내게 날아올래?
꼬리가 붉은 잠자리야
괜찮다면 친구들을 안내해 줄래?
풀숲에 깊이 잠든 고양이는 오지 않겠지만

여름이 떠나고 가을이 올 때까지

풀벌레 음악회는 계속될 거야

갈대

샤르르…
샤르 노래하네…

....

갈대

양지바른 물가에서 군락을 이루어
바람과 함께
샤르르 샤르 노래하네

어젯밤 임의 술잔에
마음 띄우지 못해 슬픈 것일까
샤르르 샤르 노래하네

차가워 보이지만
내 뿌리는 몸에 좋은 약초라고 말하고 싶은 걸까
샤르르 샤르 노래하네

가늘게 높이 솟아

강물과 긴 긴 밤을 노래하네
너의 꽃말처럼

소녀

자…
시작해 볼까요?
훗…

코코코코 코!
눈눈눈눈 눈!
볼볼볼볼 볼!
아이 잘했다

오잉?

꼬물꼬물
아장아장
하나둘 하나둘 하면서
아장걸음 걷던 꼬마 아이

어느새
양 갈래로 땋은 머리
볼그레한 수줍은 미소로
봄 시를 쓰네

뽀잇뽀잇
뽀얀 분 바르고
오물오물
입술 앵두가 되면

양손 허리춤 하고서
사랑은 어떤 거예요?
제게 좀 알려줘요
궁금해요 정말

앙…
앙탈을 부릴 거라네

물망초

사랑…
그 사랑 진실했던…

....

물망초

그대와 걸었던 길 따라
그대의 발자취에
나의 발을 맞추어 봅니다

그대와 나누었던 이야기를 떠올려
그때 했었던 말들을
또다시 따라 해봅니다

그대가 손 내밀어 꼬옥 안아주었던
추억을 그려보며
나도 모르게 손을 허공에 내밀어

항상 곁에 있겠다던 약속을 가져와

어렴풋이 그대를 만나봅니다
지금은 곁에 없지만

작은 크리스마스

잊지 않았어, 그날을
하얀 생크림 케이크 위에
초 하나 꽂고 눈 맞춤 하던 그날

바람처럼 나타나
빨간 온기를 불어넣고서
함께 들어 좋았던 노래들

쏘 핫…

그런 너에게 사랑한다 말할 거야
이미 나에게 찾아온
작은 크리스마스

길

가을 낙엽으로 만추된 집 앞길을 걷고 있다
언제나 익숙한 길에게 한 번도 고맙다는 말을 한 적이 없다네
길은 내가 어딜 가든지 예쁜 화초와 낙엽으로 응원해 주었다
멀리서 보이는 엄마를 보고 달려갔던 길
친구가 부르면 막 뛰어나갔던 길
나를 어디든지 갈 수 있게 한 길
나는 지금 그 길 위를 걷고 있다
고마운 나의 길아
내가 오지 않더라도 나를 기다려 주겠니?

나팔꽃

다가설 수 없이 멀리 있는 당신은
만질 수도 없이
바람에 자꾸 달아나기만 하나요?

다가가면 멀어지고
잡으려 손 뻗으면 또 멀어지고
가까이 모습을 보여주지 않는 당신은 나팔꽃

버려진 고양이 한숨이 묻어난 갈대숲에서
긴꼬리를 말고 꽃잎을 벌려
빠끔히 날 쳐다보네

가장 높은 빌딩 숲 사이로
높이 올라간 당신은 찾을 수도 없이
어둠 속에서 숨바꼭질하나요?

향기 맡으려 코를 댈 수도 없이
계속 잠자며 라디오 주파수에 주문을 걸고
꽃잎 문을 꼭꼭 잠그네

그녀의 노랫소리 들을 수도 없이
한없이 높이 올라간 당신은 나팔꽃
햇볕 쬐는 고양이 낭만을 함께 노래하네

야옹야옹
버려진 고양이 갈 곳이 없어도
꼬리를 함께 말며 높은 곳에 같이 있어 주는 그 꽃

해바라기

그리스 신화 이야기 중 한 부분입니다.
두 연못에 님프 자매가 살고 있었는데
해가 지고 동이 틀 때까지만 놀 수 있는 규정을 깨고
이 자매는 동이 틀 때
태양의 신 아폴로를 너무 사랑해서
그 사랑을 차지하기 위하여 매일 동이 틀 때 연못 밖으로 나왔습니다.
언니는 사랑을 차지하기 위해 동생이 규정을 어겼다고 신에게 알리면서
동생은 그만 감옥에 갇히는 신세가 되었고
그 사실을 알게 된 아폴로는 그 뒤로 그녀를 가까이하지 않았는데
그 사랑을 받기 위해 다가가면 타버릴 듯 너무 뜨거워
태양을 바라만 보다가 노랗게 둥근 꽃으로 변한 식물이 있습니다.
애절한 사연 입속에 씨앗으로 가득 물고 말 못 한 채
자신의 사랑이 잊혀지지 않기를 바라며
태양과 닮은 모습으로 태양을 따라 만개하기까지 봄과 여름을 애태웁니다.

해바라기

처음부터 만나지 말았어야 했을까요?
당신…

코 피어싱

친구의 코에 은근히 반짝이는
작은 보석을 보고서
나는 크게 결심했다네

나는 점원에게 질문한다
그거 엄청 아픈 건가요?
피어싱 가게 점원의 말은 조금이라 한다

엄청 큰 대바늘을 들고 온 점원은
살벌하게 코를 찌른다
아… 눈물 한 방울 뚝…

아프다
무지 아픈 거였네
하지만, 내 코는 예쁘게 반짝이기 시작했다

시인 루이즈 글릭을 애도하며

그녀의 생애를 다 알지 못한다.
감히 그녀에 대해 누가 뭐라 말할 수 있을까?
처절하게 쓸쓸한 삶의 고독에 따스함을 담은 작가,
2020년 시 부문 노벨 문학상을 수상한 두 번째 여성 작가라는 사실 외에
그녀의 인생은 크게 노출되지 않았다.
총 12권의 시집을 낸 작가 루이즈 글릭은
그녀의 신앙 기도문 같은 시 구절들은 욕심 없는 삶의 종착역을 느끼게 한다.
인간의 욕망과 욕심에서 모든 걸 그리스도께 맡기고 감사하며
작은 들꽃에도 미소 짓을 수 있는 공감 여유는
신께 감사와 기도문으로 표현되고 노래하였다.
그녀는 작가로서 활동함에 있어 국내에선 크게 알려지지 않았고
조용히 자신만의 세계를 꾸준히 창작한 것은 독자에게 큰 울림을 준다.

수국은
　　말하지
　　않았어

초판 1쇄 발행   2024. 9. 13.

지은이   장미온택
펴낸이   김병호
펴낸곳   주식회사 바른북스

편집진행   황금주
디자인   김민지

등록   2019년 4월 3일 제2019-000040호
주소   서울시 성동구 연무장5길 9-16, 301호 (성수동2가, 블루스톤타워)
대표전화   070-7857-9719 | **경영지원**   02-3409-9719 | **팩스**   070-7610-9820

•바른북스는 여러분의 다양한 아이디어와 원고 투고를 설레는 마음으로 기다리고 있습니다.
이메일   barunbooks21@naver.com | **원고투고**   barunbooks21@naver.com
홈페이지   www.barunbooks.com | **공식 블로그**   blog.naver.com/barunbooks7
공식 포스트   post.naver.com/barunbooks7 | **페이스북**   facebook.com/barunbooks7

ⓒ 장미온택, 2024
ISBN 979-11-7263-143-7 03810

•파본이나 잘못된 책은 구입하신 곳에서 교환해드립니다.
•이 책은 저작권법에 따라 보호를 받는 저작물이므로 무단전재 및 복제를 금지하며,
이 책 내용의 전부 및 일부를 이용하려면 반드시 저작권자와 도서출판 바른북스의 서면동의를 받아야 합니다.